Gerik Chirlek . Inge Wanner
Wissenschaftliches Schreiben und Publizieren
Erläuterung für Studierende und Doktoranden

AF223108

Gerik Chirlek und Inge Wanner

Wissenschaftliches Schreiben

und Publizieren

Erläuterung für Studierende und Doktoranden

gerik CHIRLEK / Edition Bildung und Medien
2015

Bibliografische Information der Deutschen Nationalbibliothek
Die Deutsche Nationalbibliothek verzeichnet diese Publikation in der
Deutschen Nationalbibliografie; detaillierte bibliografische Daten sind
im Internet über www.dnb.de abrufbar.

IMPRESSUM
1. Auflage 2011
2. Auflage 2015, überarbeitet
© 2015 gerik CHIRLEK / Edition Bildung und Medien
Herstellung und Verlag: BoD - Books on Demand, Norderstedt
ISBN: 978-3-8423-3567-7

Inhaltsverzeichnis

6

Einleitung

Die Konfrontation mit der Aufgabe eine wissenschaftliche Arbeit in einer vorgegebenen Zeit abzuliefern, stellt viele Studierende und Doktoranden vor eine ungeahnte Herausforderung. Einerseits ist ein Thema adäquat zu bearbeiten, andererseits sind so viele Formalien einzuhalten, deren Missachtung - so in Hausarbeiten - auch wertvolle Punkte stehlen können.

Auch wenn das vorliegende Buch nicht alle thematischen Ungereimtheiten auffangen kann, wird es zumindest eine dienliche Unterstützung bei der Anfertigung wissenschaftlicher Texte sein. So beinhalten die verschiedenen Kapitel nicht nur Erklärungen, sondern auch zahlreiche Beispiele für das Zitieren, Paraphrasieren sowie eine ausführliche Anleitung für die korrekte Erstellung eines Literaturverzeichnisses.

Auch wenn es grundsätzlich verschiedene Möglichkeiten der Zitation gibt, werden sich die Kapitel im Wesentlichen auf die Richtlinien der American Psychological Association (APA) beziehen, die insbesondere für natur- und sozial- / gesellschafts- sowie geisteswissenschaftliche Fächer internationale Gültigkeit erlangten. Allerdings werden Sie auch zu anderen Varianten der Zitation Hinweise finden.
Dennoch werden Sie in der Literatur Abweichungen finden, denn oft haben einzelne Lehrgebiete ihren Bedürfnissen entsprechend zusätzliche Anpassungen vorgenommen.

So werden beispielsweise je nach Fachrichtung unterschiedlich umfangreiche Anmerkungen in den Fußnoten erwartet, während sie hingegen im naturwissenschaftlichen Bereich weitgehend zu vermeiden sind. Doch auch innerhalb des Lehrgebietes können sich die Anforderungen so in Bezug zur Zitation unterscheiden.

Beachten Sie deshalb in dem Zusammenhang die Hinweise und Vorgaben Ihrer Institution für die Sie wissenschaftlich tätig sind. Auch wenn diese Ihnen viel Freiraum belassen sollten, ist ein wissenschaftlich korrektes Vorgehen unabdingbar. Dazu gehört auch, dass Sie die einmal gewählte Gestaltungsvariante innerhalb der wissenschaftlichen Arbeit konsequent beibehalten.

Passende Beispiele finden Sie im vorliegenden Buch. In möglichen Zweifelsfällen empfiehlt es sich, die jeweiligen Standards bspw. für den APA-Style heranzuziehen. Verweise hierzu erhalten Sie von Ihrem Lehrgebiet. Auch im Internet werden Sie dazu fündig.

I. Herangehensweise

Bevor Sie sich in Ihr Vorhaben stürzen, sollten Sie sich zunächst mit dem gestellten Themas und den Anforderungen des Lehrgebietes vertraut machen. Stellen Sie sich anhand dessen eine Arbeitsplanung auf, in der Sie sowohl vorbereitende Tätigkeiten als auch das Korrekturlesen einkalkulieren.

Recherchieren Sie nach aktueller, wissenschaftlicher Literatur. Aus dieser sollten Sie den Forschungsstand und Teilantworten auf Fragen entnehmen können. Darüber hinaus erhalten Sie einen Einblick in die Herangehensweise anderer zu dem relevanten Themenbereich, wodurch Ihnen der Einstieg erleichtert werden kann.

In der Regel reicht der vorhandene Fundus im eigenen Bücherschrank nicht aus. Reihen Sie sich in den Reigen der Wissenschaftler ein und machen Sie Gebrauch vom Bestand in Bibliotheken und Datenbanken. Oft steht Ihnen dieser sogar kostenfrei zur Verfügung.

Setzen Sie die Schwerpunkte Ihrer Arbeit. Dazu gehört nicht nur die Forschungsfrage bzw. Problemstellung zu entwickeln und einen Untersuchungsverlauf aufzustellen. Es ist ebenso notwendig, Ihre Schwerpunkte von sich eventuell ergebenden Fragen abzugrenzen.

Geben Sie Ihrer Arbeit eine Struktur, noch bevor diese geschrieben wird. Stellen Sie dafür eine Gliederung auf, der Sie einzelne Inhalte zuordnen. Das kann zu diesem Zeitpunkt auch im Stichpunktformat sein. Seien Sie sich bewusst, dass die Darstellung und Argumentation des Themas für andere nachvollziehbar sein muss.

Bearbeiten Sie die Frage- bzw. Problemstellung mit wissenschaftlichen Methoden. Beziehen Sie dazu den aktuellen Forschungs- / Entwicklungsstand ein und nehmen Sie eine Einordnung Ihres Themas wie auch Ihrer Argumentation und des Erkenntnisgewinns vor. Diese wissenschaftstheoretische Einordnung sollte Ihnen sowohl thematisch (z. B. bezüglich Studien, Theorierahmen) als auch methodisch (z. B. bezüglich Strategie) gelingen.
Es ist wichtig, dass Sie Fachbegriffe definieren, sofern diese nicht allgemeinverständlich und eindeutig belegt sind. Verwenden Sie dazu bitte wissenschaftlicher Literatur. Die Verwendung von Aussagen in Onlinequellen und populärwissenschaftlichen Zeitschriften sind zwar nicht per se verboten, grundsätzlich sollten Sie diese jedoch kritisch hinterfragen, bevor Sie diese als Quelle nutzen.

Behalten Sie Ihr Thema und die gestellte Aufgabe grundsätzlich im Blick. Prüfen Sie während der Schreibphase den Inhalt mehrfach auf Neutralität gegenüber den Ergebnissen und in Bezug zur Forschungsfrage.
Mit Ihrer wissenschaftlichen Arbeit haben Sie die Gelegenheit herauszustellen, dass Sie die Fähigkeit besitzen, Ergebnisse Ihrer Literaturstudien eigenständig zusammenzufassen und zu interpretieren sowie in den Stand der Forschung einzuordnen. Nutzen Sie die Chance.

2. Formale Gestaltung

2.1 Umfang

Innerhalb der wissenschaftlichen Arbeit gilt es das gestellte Thema umfassend zu bearbeiten, jedoch sich auf das Notwendigste zu beschränken.

Aus diesem Grund erhalten Sie seitens des Lehrgebietes zu den formalen Hinweisen auch die geforderte DIN A4 - Seitenanzahl mitgeteilt. Diese umfasst den thematischen Teil, wobei Titelblatt, Inhalts-, Abkürzungs- und Literaturverzeichnis sowie Anhang nicht mitgezählt werden.

Oft bewegen sie sich die Vorgaben in folgendem Bereich:
- Semester- / Seminar- / Hausarbeiten: etwa 15-25 DIN A4 Textseiten bei ca. 2.500 Zeichen pro Seite
- Bachelor-Arbeiten: etwa 40-50 DIN A4 Textseiten bei ca. 2.500 Zeichen pro Seite
- Master-Arbeiten: etwa 60-80 DIN A4 Textseiten bei ca. 2.500 Zeichen pro Seite
- Dissertationen: etwa 120-500 DIN A4 Textseiten bei ca. 2.500 Zeichen pro Seite

Bitte über- noch unterschreiten Sie die Beschränkung in der Ihnen vorgegebenen Seitenanzahl nicht. Der Toleranzbereich bewegt sich meistens um +/- 2 Seiten.

2.2 Schrift, Formatierung, Ausgabe

Mitunter erhalten Sie seitens Ihres Lehrgebietes sehr klare Vorgaben, gelegentlich werden Ihnen auch gestalterische Freiräume gewährt. Auch dann sollten Sie sich bewährter Mittel bedienen, die wir Ihnen nachfolgend vorstellen. Trotz vorhandener Wahloptionen sollten Sie sich für eine Schriftart entscheiden (nicht die Überschrift in einer anderen Variante formatieren als den Text, sondern durch Schriftgröße und ggf. Fettdruck hervorheben).

Schriftart / Schriftgröße

Bevorzugte Schriftarten
–   Serifenschrift (Times, Times New Roman, Garamond, Cambria) oder Arial

Text
–   11 pt (Arial)
–   12 pt (Times New Roman)

Literaturverzeichnis
–   10 pt (Arial)
–   11 pt (Times New Roman)

Fußnoten, längere Zitate
–   9 pt (Arial)
–   10 pt (Times New Roman)

Farbe
- nur in Abbildungen bzw. Tabellen verwenden

Formatierung

Format
- DIN A4 (einheitliche Papierqualität), einseitig bedrucktes weißes Papier, vervielfältigtes Typoskript (Computerausdruck bzw. Schreibmaschinenausgabe)

Zeilenabstand
- Text: 1,3 - 1,5-facher Zeilenabstand
- Fußnoten und Bibliographie: 1-facher Zeilenabstand

Absatzformat
- Blocksatz mit Silbentrennung
- nach jedem Absatz eine Leerzeile
- jedes Kapitel auf neuer Seite beginnen lassen

Seitenrand
- Links 2,5 cm, rechts 3,5 - 4 cm (breiter dort, wo Korrekturrand vorgesehen ist), oben und unten 1 - 2,5 cm

Paginierung
- alle Seiten werden gezählt
- Seitennummerierung in die Kopfzeile oben rechts integrieren, sofern mit Fußnoten gearbeitet wird
- Belegarbeiten: durchgehend arabischen Ziffern
- Bachelor- / Masterarbeit / Dissertation:

- ohne Paginierung: Titelblatt
- römische Ziffern: Inhalts-, Abkürzungs-, Abbildungs-, Tabellenverzeichnis, Glossar, (Anhang)
- arabische Ziffern: thematischer Teil (Beginn bei 1), Literaturverzeichnis, Erklärung, (Anhang)

Tabellen und Abbildungen
- kursive Tabellenüberschrift
- kursive Abbildungsunterschrift
- fortlaufende Nummerierung (Tab. 1, 2 ...; Abb. 1, 2 ...)

Kopfzeile
- oben rechts: Seitennummerierung, sofern mit Fußnoten gearbeitet wird
- oben links: Kurztitel des Kapitels (wird gelegentlich gewünscht) oder Name des Autors (wird selten gefordert und ist eher unüblich)

Fußzeile
- Fußnoten
- unten zentriert oder unten rechts: Seitennummerierung, sofern nicht mit Fußnoten gearbeitet wird

Ausgabe

Semester- / Seminar- / Hausarbeit
- einfach gebundene Form (Klemmmappe, Schnellhefter)

Bachelor- / Masterarbeit
- gebundene Form (Thermo- / Faden- / Heißleimbindung)

Dissertation
- gebundene Form (Faden- / Heißleimbindung)

Bitte beachten Sie die Vorgaben des Lehrgebietes, wie viele Exemplare in welcher Form wo einzureichen sind.

Fußnoten

Bitte beachten Sie, dass nicht jedes Lehrgebiet die Verwendung von Fußnoten gestattet. Im Übrigen gelten folgende Hinweise:

- enthalten lediglich Quellenangaben sowie sachbezogene Anmerkungen des Verfassers, die den Lesefluss stören würden
- bei Quellenangaben wird keine Außenklammer verwendet (der Text erhält am Ende eine hochgestellte fortlaufende Ziffer, die in der Fußnote mit der Quellenangabe komplettiert wird)
- beginnen mit einem Gedankenstrich, können durchnummeriert werden oder mit Neunummerierung auf jeder Seite beginnen
- werden mit einem Punkt beendet
- nehmen mitunter 1/3 einer Seite ein

2.3 Aufbau und Inhalt

Damit der Leser der Argumentation des Verfassers besser folgen kann, unterliegt eine wissenschaftliche Arbeit einer erwarteten Struktur.

Titelblatt (Deckblatt)	- muss -
Kurzfassung (Abstract)	- kann -
Vorwort und Danksagung	- kann -
Inhaltsverzeichnis (mit Seitenangabe)	- muss -
Abkürzungsverzeichnis	- kann -
Tabellenverzeichnis	- kann -
Abbildungsverzeichnis	- kann -
thematischer Teil (ggf. mit Fußnoten) — Einleitung — Haupttext (mit Kapitel-, Abschnitts- und Unterabschnittsüberschriften, unterteilt mit Ziffern + Überschrift) — Schlussbemerkungen (Zusammenfassung und Ausblick / Fazit)	- muss -
Quellen- und Literaturverzeichnis	- muss -
Anhang (unterteilt mit Großbuchstabe + Überschrift)	- muss -
Glossar	- kann -
Stichwortverzeichnis / Index	- kann -
Eidesstattliche Erklärung	- muss -

2.3.1 Titelblatt (Deckblatt)

Zwar gibt es seitens der Hochschulen und Universitäten unterschiedliche Anforderungen, doch werden in der Regel folgende Angaben auf einem Titelblatt erwartet:

- (kurzer und aussagekräftiger) Titel der Arbeit (ggf. Untertitel)
- Name des Verfassers (Vor- und Nachname) sowie Matrikelnummer (ggf. Anschrift, E-Mail-Adresse, Angabe des Fachsemesters)
- Art der Arbeit
- Name der Hochschule und der Fakultät / des Lehrgebietes
- Name der Lehrveranstaltung (ggf. Semester / Jahr)
- Name des Betreuenden
- aktuelles Semester, Abgabedatum

Bitte beachten Sie, das Titelblatt trägt keine Seitenangabe.

2.3.2 Kurzfassung (Abstract)

Oft werden Kurzfassungen nur bei sehr umfangreichen wissenschaftlichen Arbeiten gefordert, doch auch bei Artikeln in der Fachpresse sind vorangestellte Abstracts nicht unüblich. Sie enthalten eine prinzipielle Einordnung der Arbeit sowie die wichtigsten Ergebnisse und wesentlichen Schlussfolgerungen.

Die Kurzfassung (Abstract) wird entweder auf dem Titelblatt (unterhalb des Titels und Autors, links und rechts eingerückt) oder auf der unmittelbar danach folgenden separaten Seite platziert.

2.3.3 Vorwort und Danksagung

Gebräuchlich sind Vorworte und Danksagungen bei Dissertationen, seltener auch bei Abschlussarbeiten.

Das Vorwort enthält losgelöst vom Inhalt die Beweggründe für das Erstellen der wissenschaftlichen Arbeit sowie die Entstehungsbedingungen. Darüber hinaus kann es Angaben zum Verfasser enthalten. Es schließt ab mit dem Datum und Namen des Verfassers.

Eine Danksagung kann in das Vorwort integriert werden oder als eigenständiger Teil bestehen. Bitte halten Sie sich an dieser Stelle jedoch strikt an das Prozedere, welches an Ihrer Hochschule üblich ist. Es wäre denkbar unangenehm, wenn sich - weil ansonsten unüblich - der Professor dem Gefühl eines Beeinflussungsversuches nicht erwehren kann, andererseits wäre es ebenso unangebracht, wenn Sie auf eine Danksagung verzichtet, die wiederum erwartet wurde. Sofern Sie eine Danksagung verfassen, achten Sie bitte sachlich auf die Rangfolge.

Bitte beachten Sie an dieser Stelle die Vorgaben Ihres Lehrgebietes. Mitunter wird das Vorwort auch nach dem Inhaltsverzeichnis erwartet.

2.3.4 Inhaltsverzeichnis

Verzeichnisse werden bevorzugt bei längeren Texten verwendet. Inhalts-, Tabellen- und Abbildungsverzeichnisse werden hauptsächlich am Anfang, das Literaturverzeichnis an das Ende der Arbeit gesetzt.

Es gibt verschiedene Möglichkeiten der Darstellung:

Dezimalsystem	Alphanumerisches System	
1 Einleitung	I.	Einleitung
2 Haupttext - Kapitel 1	II.	Haupttext - Kapitel 1
2.1 Überschrift 1	1.	Überschrift 1
2.1.1 Unterüberschrift 1	a)	Unterüberschrift 1
2.1.2 Unterüberschrift 2	b)	Unterüberschrift 2
2.2 Überschrift 2	2.	Überschrift 2
3 Haupttext - Kapitel 3	III.	Haupttext - Kapitel 3
3.1 Überschrift 1	1.	Überschrift 1
3.2 Überschrift 2	2.	Überschrift 2

Darüber hinaus existieren abweichende Anforderungen je Hochschule und Lehrgebiet hinsichtlich

- Paginierung (Inhaltsverzeichnis mit / ohne eigener Seitenangabe)
- Gliederung mit / ohne Auffüllzeichen zwischen Text und den Seitenangaben
- Anlage mit / ohne Aufführung der Gliederung

Wurden innerhalb der wissenschaftlichen Arbeit verschiedene Elemente zur Darstellung genutzt, sollten diese in unterschiedliche Verzeichnisse (Tabellen-, Abbildungs-, Karten- bzw. Foto- / Bildverzeichnis) aufgenommen werden. Ein jeweils eigenständiges Verzeichnis ist sinnvoll, wenn stets mehrere Elemente zugeordnet werden können.

2.3.4.1 Abkürzungsverzeichnis

In einer wissenschaftlichen Arbeit sind so wenige Abkürzungen wie nur möglich zu verwenden. Mitunter sind sie jedoch unvermeidbar. Um das Leseverständnis nicht zu beeinträchtigen, werden die dennoch verwendeten Abkürzungen in einem separaten Verzeichnis aufgenommen, sofern sie nicht in einer Standardausgabe des Dudens enthalten sind.

Die Darstellung kann unterschiedlich erfolgen Wir empfehlen die Abkürzungen links in alphabetischer Reihenfolge aufzuführen und rechts daneben eine entsprechende Erklärung beizufügen. Zwecks Übersichtlichkeit sollten Sie die Daten in der Mitte durch einen Spiegelstrich voneinander trennen.

Zusätzlich sind die Abkürzungen bei dem erstmaligen Auftreten innerhalb Ihrer wissenschaftlichen Arbeit auszuschreiben und in Klammern die Abkürzung zu setzen, z. B. ... Allgemeine Geschäftsbedingungen (AGB). Darauf sollten Sie insbesondere dann nicht verzichten, wenn Sie wegen zu seltenen Vorkommens kein Abkürzungsverzeichnis einrichten möchten.

Das Abkürzungsverzeichnis steht üblicherweise nach dem Inhaltsverzeichnis.

2.3.4.2 Tabellen und Abbildungen

Damit Ihre Arbeit nicht nur aus einem reinen Fließtext besteht, können Sie zur Veranschaulichung Tabellen und Abbildungen nutzen. Doch sind sie nur Mittel zum Zweck und deshalb knapp zu halten. Lediglich wenn sie für das Verständnis zwingend erforderlich sind, gehören sie in den thematischen Teil. Dabei ist darauf zu achten, dass nach einer Überschrift grundsätzlich erst ein Textteil folgt, bevor eine Tabelle oder Abbildung eingefügt wird. Vergessen Sie bitte auch nicht, auf die eingefügten Tabellen und Abbildungen innerhalb des Textes zu verweisen. Umfangreiches Material ist dem Anhang zuzuordnen. Präzise Beschriftungen sind selbstverständlich.

Tabellen werden mit einer kursiven Überschrift als solche gekennzeichnet und fortlaufend nummeriert. Abbildungen werden hingegen mit einer kursiven Unterschrift als solche gekennzeichnet und fortlaufend nummeriert. Haben Sie Tabellen oder Abbildungen anderer Autoren übernommen, wird die Über- bzw. Unterschrift zusätzlich um die Quellenangabe ergänzt.

Das Format zur Quellenangabe entnehmen Sie bitte den Abschnitten zu den verschiedenen Zitationsstilen. An dieser Stelle exemplarisch einige Beispiele im APA-Style.

> Beispiel: (APA-Style)
>
> Abb. 1: Karte Europa (Quelle: Mustermann & Smith, 2010a, S. 11)

Beispiel: (APA-Style)

Abbildung 1: Karte Europa (Quelle: Mustermann & Smith, 2010a, S. 11)

Beispiel: (APA-Style)

Tab. 1: Bevölkerungsanteil Europa (Quelle: Mustermann & Smith, 2010a, S. 11)

Beispiel: (APA-Style)

Tabelle 1: Bevölkerungsanteil Europa (Quelle: Mustermann & Smith, 2010a, S. 11)

Haben Sie eine eigene Darstellung nach einer Vorlage anderer Autoren entworfen, verweisen Sie bitte in der Quellenangabe darauf.

Beispiel: (APA-Style)

Abb. 1: Karte Europa (Eigene Darstellung nach Mustermann & Smith, 2010a, S. 11)

Beispiel: (APA-Style)

Abbildung 1: Karte Europa (Quelle: Eigene Darstellung nach Mustermann & Smith, 2010a, S. 11)

Beispiel: (APA-Style)

Tab. 1: Bevölkerungsanteil Europa (Eigene Darstellung in Anlehnung an Mustermann & Smith, 2010a, S. 11)

Beispiel: (APA-Style)

Tabelle 1: Bevölkerungsanteil Europa (Quelle: Eigene Darstellung in Anlehnung an Mustermann & Smith, 2010a, S. 11)

Sofern Sie mit Fußnoten arbeiten, ist die Quellenangabe darin obligatorisch.

Tabellen- und Abbildungsverzeichnisse enthalten getrennt voneinander die Auflistung der verwendeten Abbildungen bzw. Tabellen mit fortlaufender Nummerierung.

2.3.5 Thematischer Teil

Sowohl Einleitung als auch Hauptteil und Fazit bilden eine abgeschlossene Einheit inklusive eigenem Spannungsbogen.
Der Übersichtlichkeit dienen Gliederungen und Nummerierungen. Diese unterliegen in der Wissenschaft den Standards DIN 1421 / ISO 2145.

Bitte achten Sie darauf, dass Ihre Arbeit aus mindestens 3, jedoch nicht mehr als 10 Kapiteln bestehen sollte. Jedem eröffneten Kapitel sind mindestens 2, jedoch höchstens 4 Unterkapitel zuzuordnen.

Zu Beginn jeden Kapitels sollte ein einleitender Text (3-4 Sätze) auf die Zielsetzung und Vorgehensweise hinweisen.

Eine kurze Zusammenfassung bildet jeweils den Abschluss des Kapitels. Wählen Sie dazu eine geeignete Überschrift aus. Diese bestehen in der Regel nicht aus Sätzen und enthält somit auch selten Verben. Nutzen Sie ebenso Absätze, um Ihre Arbeit zu gliedern. Denken Sie jedoch daran, dass ein Absatz stets einen Gedanken in mindestens 2 Sätzen umfassen sollte.

Alle Ausführungen müssen einen unmittelbaren Bezug zur Problemstellung haben und die Argumentation muss nachvollziehbar begründet werden.

Der Einbezug von Literatur ist dabei unumgänglich. Sie ist Ihnen behilflich,

- eine Überprüfbarkeit herzustellen, Fakten zu belegen.
- die eigene Argumentationen zu stützen.
- eine Vergleichbarkeit zu garantieren.
- den Stand der Forschung zu konkretisieren.
- die eigene Arbeit in andere Theorien und Ergebnisse einzuordnen.

Auch die Äußerung von Kritik ist möglich, wenn sie sachlich angemessen und begründet erfolgt.

2.3.5.1 Einleitung

Der wissenschaftlichen Arbeit wird eine kurze Einleitung in die
Thematik vorangestellt. Sie enthält neben einer Erläuterung
der Fragestellung sowie Hypothesen, der Begründung des
Schwerpunktes und der Zielsetzung auch die Abgrenzung zu
anderen Problemfeldern.

Bereits in der Einleitung sollten Sie auch Bezug auf den Dis-
kussionsstand der Forschung, konkurrierende Theorien und
Erklärungsansätze nehmen.

Nutzen Sie die Gelegenheit, am Ende den Aufbau der Arbeit
im Überblick sowie die Materialbasis und den Untersuchungsverlauf (Ablauf, Argumentation, Vorgehensweise) vorzustellen.

2.3.5.2 Hauptteil

Beginnen Sie den Hauptteil mit der Definition verwendeter
Fachbegriffe. Stellen Sie im Folgenden die Bearbeitung des
Themas gemäß Argumentationsstrategie dar und zwar infor-
mativ (ggf. fundiert mit empirischen Material) sowie theore-
tisch differenziert und widerspruchsfrei. Nehmen Sie dabei sowohl Bezug zum Stand der Forschung als auch Theorieansät-
zen.

Diskutieren Sie im Verlauf Ihre Untersuchungsergebnisse und
stellen Sie diese für den Leser nachvollziehbar dar. Ungeachtet

eines folgenden Fazits sind Lösungsvorschläge und Schlussfolgerungen einzubeziehen.

Ihr Hauptteil wird in verschiedenen Kapiteln mit logischen Unterpunkten gegliedert sein. Bitte schaffen Sie zu den einzelnen schlüssige Übergänge.

Erläuterungen, die über die inhaltliche Argumentation hinausgehen, können, sofern vom Lehrgebiet gestattet, als Fußnote aufgenommen werden.

2.3.5.3 Schlussbemerkung / Fazit

Die wissenschaftliche Arbeit schließt mit einem Fazit ab. In diesem werden zunächst die ursprüngliche Fragestellung und die abgeleiteten Thesen dargestellt. Dabei sollten Sie auch Bezug zu den nicht berücksichtigten Themen nehmen sowie eine persönliche Stellungnahme einfließen lassen. Anschließend fassen Sie die Arbeitsergebnisse zusammen und stellen den Erkenntnisgewinn der Arbeit heraus. Zum Schluss bieten Sie einen Ausblick auf die zu erwartende Entwicklung sowie weiterer Forschungsbezüge.

Das Fazit sollte etwa 1/4 des thematischen Teils umfassen.

2.3.6 Quellen- / Literaturverzeichnis

Ein Quellen- / Literaturverzeichnis ist obligatorisch. Es enthält ohne zusätzliche Nummerierung eine alphabetische Auflistung aller Medien, die zur Erstellung der Arbeit verwendet wurden.

Im Literaturverzeichnis nehmen Sie bitte alle literarischen Werke auf, im Quellenverzeichnis alle sonstigen Medien wie bspw. Fotografien und Tonaufzeichnungsprotokolle. Dabei ist es durchaus möglich, dass Ihre wissenschaftliche Arbeit ausschließlich ein Literaturverzeichnis beinhaltet. Das Literaturverzeichnis enthält alle Titel in alphabetischer Reihenfolge nach dem Autorennamen aufgeführt, aus denen direkt oder indirekt zitiert wurde. Akademische Titel bzw. Berufsbezeichnungen werden nicht mit angeführt. Ob auch die Werke aufgeführt werden sollen, die bei der Anfertigung der wissenschaftlichen Arbeit von Bedeutung waren, jedoch nicht explizit zitiert wurden, stimmen Sie bitte mit dem Lehrgebiet ab. Ebenso gibt es durchaus unterschiedliche Vorgaben, ob Primär- und Sekundärliteratur getrennt oder gemeinsam aufzuführen ist. Hierbei versteht sich von selbst, dass grundsätzlich nur die Werke aufzuführen sind, die Sie tatsächlich auch selbst gelesen haben.

Jeder Eintrag wird mit einem Punkt beendet. Ausnahmen bilden Internetquellen.

2.3.7 Anhang

Der Anhang schließt nach dem Literaturverzeichnis an. Es enthält erläuternde Darstellungen (z. B. Bilder, Tabellen, Zeittafeln, Karten), verwendete Materialien (z. B. Fragebögen) sowie Ergebnisübersichten (keine Rohdaten).

Manche Lehrgebiete fordern auch dazu auf, alle nicht frei zugänglichen bzw. aus dem Internet zitierten Beiträge aufzuführen. Ab einem Umfang von 3 Seiten sind in der Regel jedoch nur die relevanten Seiten zu belegen. Alle im Anhang angefügten Materialien müssen innerhalb des thematischen Teils mit einem Querverweis erwähnt werden.

Gehen Sie bei der Anfertigung des Anhangs mit gleicher Sorgfalt wie beim thematischen Teil vor, auch wenn dieser nicht im Mittelpunkt der Bewertung stehen sollte. Jedes Element erhält somit eine eigene Überschrift. Auf oberster Ebene werden die Gliederungspunkte mit Buchstaben nummeriert, darunter mit Ziffern.

Bitte denken Sie daran, dass der Inhalt der wissenschaftlichen Arbeit auch ohne Anhang verständlich sein muss.

2.3.8 Glossar

Mehrheitlich wird erst bei sehr umfangreichen Arbeiten ein Glossar gefordert. Es enthält die verwendeten Fachbegriffe mit Erklärung in alphabetischer Reihenfolge.

2.3.9 Stichwortverzeichnis / Index

Das Stichwortverzeichnis enthält in alphabetischer Reihenfolge Verweise zu relevanten Begrifflichkeiten. Es wird erst bei sehr umfangreichen Arbeiten gefordert.

2.3.10 Eidesstattliche Erklärung

Mit der 'Eidesstattlichen Erklärung' wird versichert, dass die Arbeit eigenständig verfasst und nur die aufgeführten Hilfsmittel genutzt wurden. Sie ist grundsätzlich handschriftlich zu unterzeichnen.

Der genaue Wortlaut kann durch das jeweilige Lehrgebiet oder eine Promotionsordnung vorgeschrieben sein.

2.4 (Wissenschaftliche) Sprache und Stil

Wissenschaftliche Texte sind geprägt von einer Ernsthaftigkeit, Sachlichkeit, Einheitlichkeit und Präzision. Sie stellen ein noch so kompliziertes Thema mit zunächst unbekannten Fachbegriffen zielführend in verständlichen, kurzen Hauptsätzen mit maximal einem Nebensatz (keine Relativsätze, keine Einschübe) dar.

Umgangssprachliche Ausdrücke und wertende Aussagen sind zu vermeiden. Das heißt auch, dass in wissenschaftlichen Arbeiten üblicherweise die erste Person Singular bzw. Plural keine Verwendung findet. Ausnahme bilden das Vorwort sowie persönliche Stellungnahmen. Doch möchten wir an dieser Stelle nicht verschweigen, dass sich diese Regel gegenwärtig in der Diskussion befindet.

Lassen Sie den Leser Ihren Ausführungen folgen. Ob Sie diese im Präsens oder Präteritum verfassen (also im Sinne einer Beschreibung oder Nachbetrachtung) obliegt Ihnen. Wichtig ist, sich für eine Form zu entscheiden, denn ein Vermischen könnte beim Leser zu Missverständnissen führen. Verzichten Sie bitte ebenso auf überflüssige Fremdwörter, doppelte Verneinungen und möglichst auf substantivierte Verben. Darüber hinaus wird für wissenschaftlichen Arbeiten aktive Formulierungen (z. B. "Die Recherche ergab, dass ..." statt "Es wurde festgehalten, dass ...") empfohlen. Wiederholungen können Sie wiederum durch die Verwendung von Synonymen vermeiden.

Bitte denken Sie daran, dass Sie auch bei wissenschaftlichen Arbeiten nicht nur das Urheberrecht, sondern auch den Datenschutz und das Persönlichkeitsrecht beachten müssen. Aus diesem Grund ist es notwendig, Personen- und Firmennamen bspw. aus einer Datenerhebung zu verfremden, sofern keine ausdrückliche Genehmigung oder Veranlassung vorliegt.

Bitte achten Sie ebenso auf die Verwendung einer gender-gerechten Sprache wie z. B. 'die GesprächspartnerInnen'. Sofern es den Lesefluss beeinträchtigt, ist es möglich, auf einen Hinweis (innerhalb der Einleitung oder Fußnote) auszuweichen, dass beim Gebrauch der männlichen Form beide Geschlechter gemeint sind.

Zu einem guten Stil gehört auch die vernünftige Umgebung mit der Orthographie und Grammatik. Prüfen Sie Ihre Arbeit nochmals vor der Abgabe und bewahren Sie sich eine gesunde Skepsis gegenüber automatischen Rechtschreibprüfungen sowie Trennsystemen.

3. Zitieren / Paraphrasieren

Da Sie Ihre wissenschaftlichen Ausführungen und wiedergegebenen Sachinformationen anhand der Literatur belegen sollen, besteht die Notwendigkeit zum Zitieren und Paraphrasieren. Bitte ziehen Sie dazu jedoch nur wissenschaftliche Quellen heran. Lexikas wie zum Beispiel Internet-Wikis, können möglicherweise hilfreiche Informationen liefern, die Sie jedoch hinterfragen sollen. Auf Grund ihrer besonderen Entstehungsgeschichte, dass eventuell gar jeder Nutzer einen Beitrag erstellen und bzw. ergänzen kann, ist die Richtigkeit einer Angabe nicht per se gegeben. Deshalb bitten wir Sie, diese Quellen zu vermeiden, mindestens aber Ihre Arbeit nicht alleinig darauf zu stützen.

Gemäß Urheberrecht sind Zitate zulässig, sofern sie auf ein Minimum beschränkt sind und tatsächlich eine Auseinandersetzung mit dem Zitat erfolgt. Damit bleiben die Verwertungschancen des Autors gewahrt und es wird unterbunden, dass ein Werk allein dadurch entsteht, dass lediglich Zitate aneinandergereiht werden.

Entsprechend werden Klein- von Großzitaten unterschieden. Während bei Kleinzitaten lediglich ein bis zwei Sätze unter Angabe der Quelle wiedergegeben werden, bestehen Großzitate aus der Übernahme umfänglicher Textstellen bis hin zu einem gesamten Werk. Letztere sind ausnahmslos der Wissenschaft vorbehalten und dürfen auch von dieser nicht wahllos verwendet werden. Auch wenn sich die Anforderungen der einzelnen Lehrgebiete unterscheiden, dürfen Sie getrost davon ausgehen, dass in Ihren Arbeiten keine Großzitate Verwendung finden werden, sofern Sie sich nicht beispielsweise mit literarischen Gesetzmäßigkeiten auseinandersetzen.

Grundsätzlich ist ein Zitat als solches zu kennzeichnen.
- wörtliche Zitate (in Anführungszeichen)
- sinngemäße Zitate (ohne Anführungszeichen)

Dazu werden in der Regel innerhalb des Textes (ggf. als Fußnote) sowohl Nachname vom Autor als auch das Erscheinungsjahr der Quelle angegeben.

Dabei sind mehrere Zitationsstile zu unterscheiden. Möglicherweise erhalten Sie diesbezüglich seitens Ihres Lehrgebietes eine Vorgabe. Obliegt Ihnen die Auswahl, entscheiden Sie sich bitte für eine Form und bleiben Sie dieser sowohl innerhalb des thematischen Teils als auch im Literaturverzeichnis treu. Die Beispiele im Buch beziehen sich insbesondere auf den weit verbreiteten APA-Style (APA-Standard 6th Edition; APA = American Psychological Association). Doch auch zu anderen Möglichkeiten der Zitation finden Sie Hinweise.

Nehmen Sie es mit dem Belegen von Zitaten genau, denn es muss klar erkennbar bleiben, was Ihre Gedanken und was die der anderen sind. Das heißt, kennzeichnen Sie im Text alles, was aus anderen Werken eingeflossen ist, somit
- wörtliche und sinngemäße Zitate
- Tabellen und Abbildungen (auch bei Nachgestaltungen)
- Definitionen von Fachbegriffen etc.

Wenn Sie Ausführungen anderer Autoren übernehmen und verändern, begründen Sie bitte Ihr Vorgehen (z. B. eine Übersicht über Bevölkerungszahlen, der Sie zusätzlich sprachliche Minderheitsgruppierungen zuordnen, da eine thematische Notwendigkeit vorliegt).

Verszitate werden mehrheitlich eingerückt und mit einem Schrägstrich '/' gekennzeichnet.

Fremdsprachliche Zitate übernehmen Sie bitte im Original und nehmen keine Übersetzung innerhalb des thematischen Teils vor. Meistens sind die Sprachkenntnisse der Betreuer ausreichend, so dass sich eine Übersetzung erübrigt. Falls diese dennoch vom Lehrgebiet gefordert wird, können Sie die Übersetzung in der Fußnote bzw. dem Anhang beifügen.

Bei eher unbekannten Autoren empfiehlt es sich, innerhalb des Textes kurz auf sein Wirken, seine Reputation einzugehen, um dem Leser die Einordnung in den wissenschaftlichen Zusammenhang zu ermöglichen. Dazu ist es bedeutungsvoll, dass Sie nicht wahllos zitieren, sondern sich auf Aussagen jener beziehen, die sich zum Thema als Experte ausgewiesen haben.

3.1 Direkte (wörtliche) Zitate

Direkte Zitate sind im Original wortwörtlich zu übernehmen und in doppelte Anführungszeichen zu setzen. Sie sind identisch mit der in einer Quelle angegebenen Textstelle, durch die der Leser eine Orientierung erhält, wo er das entsprechende Zitat nachlesen kann. Bitte achten Sie diesbezüglich auf die Vorgaben Ihres Lehrgebietes, ob es Ihnen die Art der Anführungszeichen - unten / oben bzw. oben / oben - überlassen ist. Enthält das Zitat ein Zitat, wird dieses in einfache Anführungszeichen gesetzt.

Doppelte Anführungszeichen
- Apple-Betriebssystem: [Alt] + [^] bzw. [Alt] + [2]
- Windows-Betriebssystem: [Alt] + 0132 bzw. [Alt] + 0147

Einfache Anführungszeichen
- Apple-Betriebssystem: [Alt] + [S] bzw. [Alt] + [#]
- Windows-Betriebssystem: [Alt] + 0130 bzw. [Alt] + 0145.

Eine originalgetreue Wiedergabe beinhaltet nicht nur alle Wörter, sondern auch Satzzeichen und Hervorhebungen. Anpassungen von alter zu neuer Rechtschreibung sind zu unterlassen und Schreibfehler ebenfalls zu übernehmen. Aus diesem Grund empfehlen wir Ihnen dringend, bei der Anfertigung Ihrer wissenschaftlichen Arbeit von der Aktivierung automatischer PC-Rechtschreib- / Korrekturprogramme abzusehen. Sie können darauf aufmerksam machen bzw. Änderung (bspw.

auch eine Fehlerkorrektur) vornehmen. Zu diesem Zweck setzen Sie nach dem jeweiligen Wort in eckigen Klammern [sic] = so steht es geschrieben.

Beispiel: (falsch geschriebenes Wort im Originaltext)

... die Hypothessen [sic] wurden ...

Denken Sie bitte daran, dass nur dann Textauszüge wörtlich wiedergegeben werden sollten, wenn diese für Ihre wissenschaftliche Arbeit - beispielsweise innerhalb einer Analyse - unabdingbar sind.

3.1.1 Auslassungen

Sofern der Sinn des Zitats nicht verändert und die Lesbarkeit nicht beeinträchtigt wird, sind Auslassungen zulässig. Sie werden durch Punkte gekennzeichnet.

- 3 Punkte bei Teil eines Satzes
- 4 Punkte bei einem oder mehreren Sätzen

Gemäß APA-Style beispielsweise können diese (müssen jedoch nicht) in eckigen Klammern stehen. Bitte beachten Sie dazu die Vorgaben aus Ihrem Lehrgebiet, mitunter werden die Auslassungspunkte in runden Klammern erwartet, gelegentlich ist von der Verwendung auch gänzlich abzusehen.

> Beispiel:
>
> ... „Doch dem ist nicht so. Soweit die [...] Betrachtungen. Damit ist auch bewiesen: vertikal ist nicht horizontal" ...

> Beispiel:
>
> ... „Doch dem ist nicht so. [....] Damit ist auch bewiesen: vertikal ist nicht horizontal" ...

Relevant ist, dass die Kennzeichnung als solche erfolgt und eindeutig ist. Handelt es sich also um einen Autor, der mit Vorliebe an seine Satzenden drei Punkte setzt, sollte man die Klammerregelung definitiv verwenden, da es sonst nicht eindeutig zu erkennen ist, ob es sich um eine Auslassung oder um tatsächlichen Sprachgebrauch handelt.

3.1.2 Einschübe, Änderungshinweise

Zwecks Erläuterung oder Anpassung an die syntaktische Struktur des eigenen Textes erweisen sich Ergänzungen mitunter als sinnvoll.

Diese Einschübe und Hinweise auf Veränderungen durch den Verfasser des wissenschaftlichen Textes gegenüber dem Original sind in eckige Klammern zu setzen und entsprechend zu kennzeichnen.

Beispiel:

... „vertikal [senkrecht, d. Verf.] ist nicht horizontal [waagerecht, d. Verf.]" ...

Beispiel:

... „vertikal ist <u>nicht</u> [Hervorhebung v. Verf.] horizontal" ...

Beispiel:

... „vertikal ist <u>nicht</u> [Hervorhebung nicht im Original] horizontal" ...

Übrigens ist der Fettdruck in wissenschaftlichen Arbeiten un-üblich. Wenn Sie eine Textstelle hervorheben möchten, sollten Sie daher den S P E R R D R U C K verwenden oder mit einer <u>Unterstreichung</u> arbeiten.

3.2 Indirekte (nicht wörtliche) Zitate

Bei indirekten Zitaten werden die Gedanken anderer sinngemäß zusammengefasst und in eigenen Worten wiedergegeben (paraphrasieren). Das bedeutet, der Leser kann gemäß der Quellenangabe den Text nicht wortwörtlich wiederfinden, sondern lediglich mit dem Inhalt des Originals vergleichen. Einigkeit hinsichtlich Zitate und deren Belege besteht darin, dass sinngemäße Zitate nicht in Anführungszeichen zu setzen sind. Darüber hinaus gehen die Meinungen bei indirekten Zitaten auseinander. Notwendigerweise ist die Quellenangabe mit dem Autor und dem Erscheinungsjahr zu versehen. Doch wenn Sie sich nochmals vergegenwärtigen, dass ein Zitat einerseits nicht verändert werden darf, andererseits eine Nachvollziehbarkeit der Quelle gewährleistet bleiben muss, ergibt sich größtenteils die Dringlichkeit, mit genaueren Angaben zu operieren.

Beachten Sie an dieser Stelle die Hinweise Ihres Lehrgebietes. In der Regel finden sich folgende Anforderungen:

Bei globalen Aussagen genügt die Angabe von Autor und Erscheinungsjahr, genauere Aussagen sind - wie wörtliche Zitate - zusätzlich mit der Seitenangabe zu belegen.

> Beispiel: (APA-Style)
>
> So belegen die Ausführungen, dass vertikal nicht als horizontal zu betrachten ist (Mustermann & Smith, 2010).

Beispiel: (APA-Style)

So belegen die Ausführungen, dass vertikal nicht als horizontal zu betrachten ist, obgleich 37 % aller Studierenden zu anderen Ergebnissen kamen (Mustermann & Smith, 2010, S. 43).

Gemäß Urheberrechtsgesetz benötigen Ausführungen eines Textes einerseits eine exakte Quellenangabe, andererseits unterliegen sie einem ernst zu nehmenden Änderungsverbot. Wie Sie bislang feststellten, unterscheiden sich die Angaben von wörtlichen zu nicht-wörtlichen Zitaten lediglich darin, dass nicht-wörtliche Zitate nicht in Anführungszeichen gesetzt werden und die Quellenangabe auch ohne Seitenangabe erfolgen kann. Unabhängig davon, dass eine nicht aufgeführte Seitenangabe das Nachlesen der Textstelle im Original äußerst erschwert, ergeben sich fortan keinerlei Anhaltspunkte mehr, ob es sich tatsächlich um ein nicht-wörtliches Zitat handelte oder aber die Anführungszeichen eines wörtlichen Zitates nicht gesetzt wurden und ob die Textstelle ursprünglich auch ohne Seitenangabe aufgeführt wurde etc. Denken Sie hier bspw. an Internetquellen, bei denen klassisch keine Seitenangaben vorhanden sind. Wenn der geneigte Leser gar von fehlenden Ausführungszeichen ausgeht, kann vermeintlich der Vorwurf vorgetragen werden, dass es sich rechtlich um eine Falschdarstellung handelt, da man den Eindruck erweckt, dass der Autor den Sachverhalt exakt so ausgedrückt habe.

Aus diesem Grund ist generell und beim wissenschaftlichen Zitieren insbesondere wichtig, eine exakte Quellenangabe vorzunehmen und auf die besondere Stellung eines nicht-wörtlichen Zitates hinzuweisen. Innerhalb des deutschsprachigen Bereiches hat sich hier ein 'vgl.' (= vergleiche) in der Quellenangabe durchgesetzt.

Beispiel: (APA-Style)

So belegen die Ausführungen, dass vertikal nicht als horizontal zu betrachten ist, obgleich 37 % aller Studierenden zu anderen Ergebnissen kamen (vgl. Mustermann & Smith, 2010, S. 43).

3.3 Erläuternde (nicht wörtliche) Zitate

Erläuternde Zitate werden behandelt wie sonstige indirekte Zitate. Statt mit 'vgl.' werden sie in der Quellenangabe mit 'siehe' eingeleitet.

3.4 Beispiele nach APA-Style

Aus nachstehenden Beispielen können Sie die notwendigen Elementen der Quellenangabe entnehmen. Unabhängig davon, woraus Sie zitieren bzw. paraphrasieren, bleibt es Ihnen überlassen, ob Sie den Beleg am Satzende angeben oder ganz bzw. teilweise in den Text integrieren.

3.4.1 Werke mit einem Autor

Format: (Autorenname, Erscheinungsjahr, Seitenangabe)

Beispiel: (direktes Zitat)

... Daraus ergibt sich: „vertikal ist nicht horizontal" (Mustermann, 2010, S. 21). ...

Beispiel: (indirektes Zitat)

... So belegen die Ausführungen, dass vertikal nicht als horizontal zu betrachten ist (vgl. Mustermann, 2010, S. 21). ...

Autor: Mustermann, Erscheinungsjahr 2010, Seite 21

Bitte beachten Sie die Vorgaben Ihres Lehrgebietes, ob Sie 'f' und 'ff' mit einem Leerzeichen absetzen bzw. mit einem Punkt abschließen sollen oder nicht.

Beispiel: (direktes Zitat)

... Daraus ergibt sich: „vertikal ist nicht horizontal" (Mustermann, 2010, S. 21f.). ...

Beispiel: (indirektes Zitat)

... So belegen die Ausführungen, dass vertikal nicht als horizontal zu betrachten ist (vgl. Mustermann, 2010, S. 21f.). ...

Autor: Mustermann, Erscheinungsjahr 2010, Seite 21 und die folgende Seite

Beispiel: (direktes Zitat)

... Daraus ergibt sich: „vertikal ist nicht horizontal" (Mustermann, 2010, S. 21ff.). ...

Beispiel: (indirektes Zitat)

... So belegen die Ausführungen, dass vertikal nicht als horizontal zu betrachten ist (vgl. Mustermann, 2010, S. 21ff.). ...

Autor: Mustermann, Erscheinungsjahr 2010, Seite 21 und weiter folgende Seiten in unbestimmter Anzahl

Beispiel:

... Daraus ergibt sich: „vertikal ist nicht horizontal" (Mustermann, 2010, S. 21-23). ...

Beispiel:

... So belegen die Ausführungen, dass vertikal nicht als horizontal zu betrachten ist (vgl. Mustermann, 2010, S. 21-23). ...

Autor: Mustermann, Erscheinungsjahr 2010, Seite 21 bis 23

Die Angaben zur Originalquelle können auch in den Text integriert werden, siehe die folgenden Beispiele.

Beispiel:

... Mustermann (2010) meint, „vertikal ist nicht horizontal" (S. 21), woraus sich ableiten lässt, dass ...

Beispiel:

... Mustermann (2010, S. 21) meint, „vertikal ist nicht horizontal", woraus sich ableiten lässt, dass ...

Beispiel:

... 2010 meint Mustermann, „vertikal ist nicht horizontal" (S. 21), woraus sich ableiten lässt, dass ...

Bei verschiedenen Quellen von Autoren mit dem gleichen Familiennamen und mindestens einem veröffentlichen Werk im selben Jahr, werden die Initialen des Vornamens als zusätzliches Unterscheidungskriterium vorangestellt.

Beispiel:

... A. Mustermann (2010) meint, „vertikal ist nicht horizontal"
(S. 21), woraus sich ableiten lässt, dass ...

Beispiel:

... 2010 meint B. Mustermann, „vertikal ist nicht horizontal" (S.
34), woraus sich ableiten lässt, dass ...

Beispiel:

... Daraus ergibt sich: „vertikal ist nicht horizontal" (A. Mustermann, 2010, S. 21). ...

Sollte auch dieser erste Buchstabe des Vornamens gleich sein,
werden die Vornamen ausgeschrieben.

Beispiel:

... Daraus ergibt sich: „vertikal ist nicht horizontal" (Anton Mustermann, 2010, S. 21). ...

Beispiel:

... Daraus ergibt sich: „Vertikalität bietet die Basis für Horizontalität" (Abdul Mustermann, 2010, S. 227). ...

Um einer Verwechslung vorzubeugen sind Unternehmensnamen auszuschreiben.

> Beispiel:
>
> ... Daraus ergibt sich: „vertikal ist nicht horizontal" (Institut für Senkrechtstarter, 2007, S. 97). ...

Wörtliche Zitate, die länger als 40 Worte (bzw. 3 Zeilen) sind, können (und sollten bevorzugt) im Blocksatz-Format als eigenständiger, eingerückter Absatz ohne Anführungszeichen dargestellt werden.

> Beispiel:
>
> Mustermann 2010 führt dazu aus:
> > Gelegentlich lassen Darstellungen vermuten, dass senkrechte und waagerechte Diagramme variabel zu belegen sind. Doch dem ist nicht so. Soweit die ganzheitlichen Betrachtungen. Damit ist auch bewiesen: vertikal ist nicht horizontal. Das belegen auch inoffizielle Studien einiger Studenten, deren Auszüge im Folgenden zur Illustration dienen sollen. (S. 21)

Darüber hinaus können dem Klammerausdruck auch weitere Anmerkungen mitgegeben werden:

> Beispiel:
>
> So belegen die Ausführungen, dass vertikal nicht als horizontal zu betrachten ist (vergleiche dazu Lehmann, 2010, S. 3, Unzutreffende Verschiebung der Horizontalität).

3.4.2 Werke mit mehreren Autoren

Fachbücher werden oft von mehreren Autoren geschrieben. Diese finden auch in der Quellenangabe ihre Berücksichtigung. Bitte beachten Sie: Wurde das Werk von mehreren Autoren geschrieben, wird der letzte und vorletzte Autorenname innerhalb des Textes mit einem 'und', im Klammerausdruck mit einem '&'-Zeichen verbunden.

Format: (Autorenname 1 und Autorenname 2, Erscheinungsjahr, Seitenangabe)

Beispiel:

... Mustermann und Meyer (2010) sind der Meinung: „vertikal ist nicht horizontal" (S. 21). ...

Beispiel:

... Mustermann, Meyer und Schmidt (2010) führen dazu aus, ... (S. 21). ...

Format: (Autorenname 1 & Autorenname 2, Erscheinungsjahr, Seitenangabe)

Beispiel:

... Daraus ergibt sich: „vertikal ist nicht horizontal" (Mustermann, Meyer & Schmidt, 2010, S. 21). ...

Bei 3 bis 5 Autoren erfolgt die erste Namensnennung gemäß vorangehendem Beispiel vollständig, ab der zweiten Erwähnung genügt folgender Verweis:

> Beispiel:
>
> ... Daraus ergibt sich: „vertikal ist nicht horizontal" (Mustermann et al., 2010, S. 21). ...

> Beispiel:
>
> ... Daraus ergibt sich: „vertikal ist nicht horizontal" (Mustermann u. a., 2010, S. 21). ...

> Beispiel:
>
> ... Mustermann et al. (2010) führen dazu aus, ...

Ab 6 Autoren erfolgt die erste Namensnennung bereits in gekürzter Form, d.h. nur der erste Autor wird erwähnt und die Angabe mit 'et al.', seltener mit 'u. a.' ergänzt.

An dieser Stelle möchten wir nicht verschweigen, dass der APA-Style vorgibt, ab 8 Autoren die ersten 6 Namen und den letzten zu nennen.

Für indirekte Zitate gelten die allgemeinen Regeln.

Beispiel:

... Daraus ergibt sich, dass vertikal nicht horizontal ist (vgl. Mustermann et al., 2010, S. 21). ...

3.4.3 Mehrere Werke eines Autors

Sofern Sie auf mehrere Werke eines Autors verweisen, erfolgt die Angabe der Jahreszahlen mit einem Komma voneinander getrennt.

Format: (Autorenname, Erscheinungsjahr 1, Erscheinungsjahr 2)

Beispiel:

... Mustermann (2004, 2010) meint ...

Beispiel:

... (Mustermann, 2004, 2010) meint ...

3.4.4 Mehrere Werke eines Autors im gleichen Jahr

Besteht die Notwendigkeit aus mehreren Werken eines Autors zu zitieren, die im gleichen Erscheinungsjahr erschienen sind, wird das Erscheinungsjahr um einen alphabetisch aufsteigenden Kleinbuchstaben ergänzt. Damit ergibt sich ein eindeutiger Quellenverweis. Damit der Leser nicht bemüht wird, im innerhalb des Literaturverzeichnisses z. B. die Quelle (XY, 2009f) 'abzählen' zu müssen, erfolgt an dieser Stelle die gleiche Kennzeichnung.

Format: (Autorenname, ErscheinungsjahrX)

Beispiel:

So belegen die Ausführungen, dass vertikal nicht als horizontal zu betrachten ist (vgl. Mustermann, 2010a).

Beispiel:

So belegen die Ausführungen, dass vertikal nicht als horizontal zu betrachten ist (vgl. Mustermann, 2010a, 2010b).

3.4.5 Mehrere Werke verschiedener Autoren

Bezieht sich eine Aussage auf mehrere Werke verschiedener Autoren, werden diese in einem Klammerausdruck dargestellt. Dabei werden die Autoren alphabetisch nach Nachnamen aufgeführt und mit einem Semikolon voneinander getrennt.

Format: (Autorenname 1, Erscheinungsjahr; Autorenname 2, Erscheinungsjahr)

Beispiel:

So belegen die Ausführungen, dass vertikal nicht als horizontal zu betrachten ist (vgl. Meyer, 2001; Mustermann & Meyer, 1995).

Beispiel:

So belegen die Ausführungen, dass vertikal nicht als horizontal zu betrachten ist (vgl. Meyer, 2001, 2004; Mustermann & Meyer, 1995).

Bitte beachten Sie, bei Sammelzitationen richtet sich die Nennung der Autoren nach der alphabetischen Reihenfolge der Nachnamen und nicht nach dem Publikationsjahr.

3.4.6 Beitrag im Buch eines anderen (Sammelband)

Möchten Sie auf einen einzelnen Beitrag innerhalb eines Buches verweisen, wird in der Kurz-Quellenangabe lediglich der Name des Autors angegeben, der den Beitrag verfasst hat und nicht der Herausgeber, der die Zusammenstellung aller Beiträge vorgenommen hat.

Format: (Autorenname Beitrag, Erscheinungsjahr, Seitenangabe)

Beispiel:

So belegen die Ausführungen, dass vertikal nicht als horizontal zu betrachten ist (vgl. Mustermann, 2010, S. 123).

3.4.7 Sekundärzitate

In Fachbüchern werden Sie oft Zitate von anderen Autoren lesen. Bitte schreiben Sie diese nicht gedankenlos ab, auch wenn Sie Ihnen noch so passend erscheinen. Da der Autor, der aus der Primärquelle (dem Original) zitierte, einerseits bei der Auswahl des Zitates seine eigene Sichtweise einnahm und sich Fehler bei der Interpretation sowie der Quellenangabe eingeschlichen haben könnten, ist das Zitieren aus Sekundärquellen möglichst zu vermeiden.

Da jedoch manche Literatur nur schwer oder gar nicht zugänglich ist, haben Sekundärzitate selbstverständlich auch in wissenschaftlichen Publikationen ihre Daseinsberechtigung. Allerdings sollte aus der Formulierung ersichtlich werden, wer welche Aussage traf. Sind auch diese Namen nicht bekannt, sollte die Wortwahl dem angemessen sein, d.h. z. B. Müller und Schmidt "unterstützen" den Gedanken oder "greifen ihn auf" und nicht "gemäß" etc.

In nachfolgenden Beispielen zitiert der Autor Mustermann ein Werk von Meyer.

Format: (Autorenname, zitiert nach Name Originalautor, Erscheinungsjahr, Seitenangabe)

Beispiel:

... (Meyer, zitiert nach Mustermann, 2010, S. 14) ...

Beispiel:

... (Meyer, zit. nach Mustermann, 2010, S. 14) ...

Beispiel:

... Meyer (2001, zitiert nach Mustermann, 2010, S. 14) geht davon aus ...

> Beispiel:
>
> ... Meyer (2001, S. 134; zitiert nach Mustermann, 2010, S. 14) geht davon aus ...

Im Literaturverzeichnis wird lediglich der Autor angegeben, dessen Werk Sie tatsächlich gelesen haben.

Übrigens, selbst wenn Ihnen die Originalliteratur auch nicht in der Bibliothek zur Verfügung steht, sollten Sie sich die Quelle erschließen, bspw. über http://books.google.de/ Auf diese Weise erhalten Sie nicht nur Zugang zu manchen vergriffenen Publikationen, sondern auch Hinweise zu weiterführender Literatur.

3.4.8 Internetquellen

Internetseiten haben wie auch andere Publikationen einen Autor bzw. Herausgeber, unabhängig davon, ob ein Verfasser den Seitenbeitrag unterzeichnet hat. Aus diesem Grund erfolgt die Quellenangabe gegenüber einer anderen Publikation nicht abweichend, obgleich es noch keinen klar definierten Beleg-Standard gibt.

> Beispiel:
>
> ... (vgl. Mustermann, 2010). ...

Bitte beachten Sie, dass die Quelle überprüfbar sein muss, ungeachtet dessen, dass sich das Internet im stetigen Wandel befindet. Aus diesem Grund bitten wir Sie Beiträge aus Internetquellen zu meiden, sofern sie nicht von zuverlässigen Stellen wie bspw. öffentlichen Behörden oder wissenschaftlichen Institutionen stammen. Zusätzlich empfiehlt sich, die Quelle als Digital- bzw. Printversion zu archivieren. Manche Lehrgebiete erwarten auch, dass Online-Quellen ausgedruckt dem Anhang der wissenschaftlichen Arbeit beigefügt werden.

3.4.9 Mitteilungen, Protokolle, E-Mails

Selbstverständlich können Sie auch aus persönlichen Mitteilungen, Gesprächen, E-Mails und Mailinglisten etc. zitieren. Allerdings wird dringend empfohlen, vor Verwendung mit dem Autor Kontakt aufzunehmen.

Format: (Autorenname, Quellenart, Datum)

Beispiel:

... „vertikal ist nicht horizontal" (Mustermann, persönliche Mitteilung, 29.06.2010) ...

Beispiel:

... Mustermann (persönliche Mitteilung, 29.06.2010) führte dazu aus, ...

> Beispiel:
>
> ... dass vertikal nicht horizontal ist (vgl. Gespräch mit Muster-
> mann, am 29.06.2010) ...

Persönliche Mitteilungen und artverwandten Quellen (z. B. Gespräche, Protokolle, eigene Notizen) werden seltener in das Literaturverzeichnis aufgenommen. Stattdessen wird häufiger die Quellenangabe als Fußnote angebracht.

3.4.10 Gesetzestexte

Auch wenn Gesetzestexte und Verordnungen keinem Urheberrecht unterliegen, geht man beim Zitieren nicht anders vor - als würde es sich um eine andere literarische Quelle handeln.

> Beispiel: (Gesetz)
>
> ... (vgl. § 198 Abs. 2 UGB). ...

> Beispiel: (Gesetz)
>
> ... (vgl. Art. 198 Abs. 2 UGB). ...

Statt auf Seitenzahlen zu verweisen, dienen Randziffern bzw. Noten der Orientierung.

Beispiel: (Kommentar)

... (vgl. Mustermann Max, Vertikaler Kommentar zu Art. 5 AB, Rz 22). ...

Beispiel: (Verordnung)

... (vgl. § 2 Abs. 1 VO zu § 34 Abs. 8 EStG). ...

Bei Entscheiden dienen der Jahrgang, die Seitenzahl und die Erwägung als Referenz.

Beispiel: (Entscheid)

... (vgl. ABE 32 | 75 E. 7). ...

3.4.11 Fremdsprachige Literatur

Fremdsprachige Zitate werden im Original übernommen. In der Regel bedarf es für englisch- und französischsprachige Zitate keine Übersetzung. Für anderssprachige Quellen empfiehlt es sich, die Übersetzung in der Fußnote bzw. im Anhang beizufügen.

Die Zitierweise gleicht den sonstigen Regeln. Allerdings werden üblicherweise andere Abkürzungen gebraucht.

- ed. (edition); 2nd ed. (second edition); Ed. (Editor)
- Eds (Editors)
- p. (Page); pp. (pages)
- Vol. (Volume); Vols. (Volumes)

Beispiel:

(Musterman & Smith, 2010, p. 21). ...

3.5 Beispiele nach HARVARD-Style

Der HARVARD-Style verwendet ebenfalls die Quellenangabe innerhalb des Textes. Bitte beachten Sie, dass der Aufbau gegenüber dem APA-Style geringfügig abweicht.

3.5.1 Werke mit einem Autor

Format: (Autorenname Erscheinungsjahr, Seitenangabe)

Beispiel: (direktes Zitat)

... Daraus ergibt sich: „vertikal ist nicht horizontal" (Mustermann 2010, S. 21). ...

Beispiel: (indirektes Zitat)

... Daraus ergibt sich: „vertikal ist nicht horizontal" (vgl. Mustermann 2010, S. 21). ...

Autor: Mustermann, Erscheinungsjahr 2010, Seite 21

Beispiel: (direktes Zitat)

... Daraus ergibt sich: „vertikal ist nicht horizontal" (Mustermann 2010, S. 21 f.). ...

Beispiel: (indirektes Zitat)

... So belegen die Ausführungen, dass vertikal nicht als horizontal zu betrachten ist (vgl. Mustermann 2010, S. 21 f.). ...

Autor: Mustermann, Erscheinungsjahr 2010, Seite 21 und die folgende Seite

Beispiel: (direktes Zitat)

... Daraus ergibt sich: „vertikal ist nicht horizontal" (Mustermann 2010, S. 21 ff.). ...

Beispiel: (indirektes Zitat)

... So belegen die Ausführungen, dass vertikal nicht als horizontal zu betrachten ist (vgl. Mustermann 2010, S. 21 ff.). ...

Autor: Mustermann, Erscheinungsjahr 2010, Seite 21 und weiter folgende Seiten in unbestimmter Anzahl

Beispiel:

... Daraus ergibt sich: „vertikal ist nicht horizontal" (Mustermann 2010, S. 21-23). ...

Beispiel:

... So belegen die Ausführungen, dass vertikal nicht als horizontal zu betrachten ist (vgl. Mustermann 2010, S. 21-23). ...

Autor: Mustermann, Erscheinungsjahr 2010, Seite 21 bis 23

Die Angaben zur Originalquelle können auch in den Text integriert werden, siehe die folgenden Beispiele.

Beispiel:

... Mustermann (2010) meint, „vertikal ist nicht horizontal" (S. 21), woraus sich ableiten lässt, dass ...

Beispiel:

... Mustermann (2010, S. 21) meint, „vertikal ist nicht horizontal", woraus sich ableiten lässt, dass ...

Beispiel:

... 2010 meint Mustermann, „vertikal ist nicht horizontal" (S. 21), woraus sich ableiten lässt, dass ...

Bei verschiedenen Quellen von Autoren mit dem gleichen Familiennamen und mindestens einem veröffentlichen Werk im selben Jahr, werden die Initialen des Vornamens als zusätzliches Unterscheidungskriterium vorangestellt.

Beispiel:

... A. Mustermann (2010) meint, „vertikal ist nicht horizontal" (S. 21), woraus sich ableiten lässt, dass ...

> **Beispiel:**
>
> ... 2010 meint B. Mustermann, „vertikal ist nicht horizontal" (S. 34), woraus sich ableiten lässt, dass ...

> **Beispiel:**
>
> ... Daraus ergibt sich: „vertikal ist nicht horizontal" (A. Mustermann 2010, S. 21). ...

Sollte auch dieser erste Buchstabe des Vornamens gleich sein, werden die Vornamen ausgeschrieben.

> **Beispiel:**
>
> ... Daraus ergibt sich: „vertikal ist nicht horizontal" (Anton Mustermann 2010, S. 21). ...

> **Beispiel:**
>
> ... Daraus ergibt sich: „Vertikalität bietet die Basis für Horizontalität" (Abdul Mustermann 2010, S. 227). ...

Um einer Verwechslung vorzubeugen sind Unternehmensnamen auszuschreiben.

> **Beispiel:**
>
> ... Daraus ergibt sich: „vertikal ist nicht horizontal" (Institut für Senkrechtstarter 2007, S. 97). ...

Wörtliche Zitate, die länger als 40 Worte (bzw. 3 Zeilen) sind, können (und sollten bevorzugt) im Blocksatz-Format als eigenständiger, eingerückter Absatz ohne Anführungszeichen dargestellt werden.

Beispiel:

Mustermann 2010 führt dazu aus:
> Gelegentlich lassen Darstellungen vermuten, dass senkrechte und waagerechte Diagramme variabel zu belegen sind. Dem ist nicht so. Soweit die ganzheitlichen Betrachtungen. Damit gilt der Sachverhalt als bewiesen. (S. 21)

Darüber hinaus können dem Klammerausdruck auch weitere Anmerkungen mitgegeben werden:

Beispiel:

So belegen die Ausführungen, dass vertikal nicht als horizontal zu betrachten ist (vergleiche dazu Lehmann 2010, S. 3, Unzutreffende Verschiebung der Horizontalität).

3.5.2 Werke mit mehreren Autoren

Fachbücher werden oft von mehreren Autoren geschrieben. Die Namen finden auch in der Quellenangabe ihre Berücksichtigung.

Format: (Autorenname 1 und Autorenname 2 Erscheinungsjahr, Seitenangabe)

Beispiel:

... Mustermann und Meyer (2010) sind der Meinung: „vertikal ist nicht horizontal" (S. 21). ...

Beispiel:

... Mustermann, Meyer und Schmidt (2010) führen dazu aus, ... (S. 21). ...

Beispiel:

... Daraus ergibt sich: „vertikal ist nicht horizontal" (Mustermann, Meyer und Schmidt 2010, S. 21). ...

Beispiel:

... Daraus ergibt sich: „vertikal ist nicht horizontal" (Mustermann / Meyer / Schmidt 2010, S. 21). ...

Bei mehr als 2 Autoren genügt folgender Verweis:

> Beispiel:
>
> ... Daraus ergibt sich: „vertikal ist nicht horizontal" (Mustermann et al. 2010, S. 21). ...

> Beispiel:
>
> ... Mustermann et al. (2010) führen dazu aus, ...

Für indirekte Zitate gelten die allgemeinen Regeln.

> Beispiel:
>
> ... Daraus ergibt sich, dass vertikal nicht horizontal ist (vgl. Mustermann et al. 2010, S. 21). ...

3.5.3 Mehrere Werke eines Autors

Sofern Sie auf mehrere Werke eines Autors verweisen, erfolgt die Angabe der Jahreszahlen mit einem Komma voneinander getrennt.

Format: (Autorenname Erscheinungsjahr 1, Erscheinungsjahr 2)

Beispiel:

... Mustermann (2004, 2010) meint ...

Beispiel:

... (Mustermann 2004, 2010) meint ...

3.5.4 Mehrere Werke eines Autors im gleichen Jahr

Besteht die Notwendigkeit aus mehreren Werken eines Autors zu zitieren, die im gleichen Erscheinungsjahr erschienen sind, wird das Erscheinungsjahr um einen alphabetisch aufsteigenden Kleinbuchstaben ergänzt. Damit ergibt sich ein eindeutiger Quellenverweis. Damit der Leser nicht bemüht wird, im innerhalb des Literaturverzeichnisses z. B. die Quelle (XY 2009f) 'abzählen' zu müssen, erfolgt an dieser Stelle die gleiche Kennzeichnung.

Format: (Autorenname ErscheinungsjahrX)

Beispiel:

So belegen die Ausführungen, dass vertikal nicht als horizontal zu betrachten ist (vgl. Mustermann 2010a).

Beispiel:

So belegen die Ausführungen, dass vertikal nicht als horizontal zu betrachten ist (vgl. Mustermann 2010a, 2010b).

3.5.5 Mehrere Werke verschiedener Autoren

Bezieht sich eine Aussage auf mehrere Werke verschiedener Autoren, werden diese in einem Klammerausdruck dargestellt. Dabei werden die Autoren alphabetisch nach Nachnamen aufgeführt und mit einem Semikolon voneinander getrennt.

Format: (Autorenname 1 Erscheinungsjahr; Autorenname 2 Erscheinungsjahr)

Beispiel:

So belegen die Ausführungen, dass vertikal nicht als horizontal zu betrachten ist (vgl. Meyer 2001, S. 11; Mustermann und Meyer 2004, S. 22).

Bitte beachten Sie, bei Sammelzitationen richtet sich die Nennung der Autoren nach der alphabetischen Reihenfolge der Nachnamen und nicht nach dem Publikationsjahr.

3.5.6 Beitrag im Buch eines anderen (Sammelband)

Möchten Sie auf einen einzelnen Beitrag innerhalb eines Buches verweisen, wird in der Kurz-Quellenangabe lediglich der Name des Autors angegeben, der den Beitrag verfasst hat und nicht der Herausgeber, der die Zusammenstellung aller Beiträge vorgenommen hat.

Format: (Autorenname Beitrag Erscheinungsjahr, Seitenangabe)

3.5.7 Sekundärzitate

In Fachbüchern werden Sie oft Zitate von anderen Autoren lesen. Bitte schreiben Sie diese nicht gedankenlos ab, auch wenn Sie Ihnen noch so passend erscheinen. Da der Autor, der aus der Primärquelle (dem Original) zitierte, einerseits bei der Auswahl des Zitates seine eigene Sichtweise einnahm und sich Fehler bei der Interpretation sowie der Quellenangabe eingeschlichen haben könnten, ist das Zitieren aus Sekundärquellen möglichst zu vermeiden.

Da jedoch manche Literatur nur schwer oder gar nicht zugänglich ist, haben Sekundärzitate selbstverständlich auch in wissenschaftlichen Publikationen ihre Daseinsberechtigung. Allerdings sollte aus der Formulierung ersichtlich werden, wer welche Aussage traf. Sind auch diese Namen nicht bekannt, sollte die Wortwahl dem angemessen sein, d.h. z. B. Müller und Schmidt "unterstützen" den Gedanken oder "greifen ihn auf" und nicht "gemäß" etc.

In nachfolgenden Beispielen zitiert der Autor Mustermann ein Werk von Meyer.

Format: (Autorenname, zitiert nach Name Originalautor Erscheinungsjahr, Seitenangabe)

Beispiel:

... (Meyer, zitiert nach Mustermann 2010, S. 14) ...

Beispiel:

... (Meyer, zit. nach Mustermann 2010, S. 14) ...

Beispiel:

... Meyer (2001, zitiert nach Mustermann 2010, S. 14) geht davon aus ....

Beispiel:

... Meyer (2001, S. 134; zitiert nach Mustermann 2010, S. 14) geht davon aus ....

Im Literaturverzeichnis wird lediglich der Autor angegeben, dessen Werk Sie tatsächlich gelesen haben.

Übrigens, selbst wenn Ihnen die Originalliteratur auch nicht in der Bibliothek zur Verfügung steht, sollten Sie sich die Quelle erschließen, bspw. über http://books.google.de/ Auf diese Weise erhalten Sie nicht nur Zugang zu manchen vergriffenen Publikationen, sondern auch Hinweise zu weiterführender Literatur.

3.5.8 Internetquellen

Internetseiten haben wie auch andere Publikationen einen Autor bzw. Herausgeber, unabhängig davon, ob ein Verfasser den Seitenbeitrag unterzeichnet hat. Aus diesem Grund erfolgt die Quellenangabe gegenüber einer anderen Publikation nicht abweichend, obgleich es noch keinen klar definierten Beleg-Standard gibt.

Beispiel:

... (vgl. Mustermann 2010). ...

Bitte beachten Sie, dass die Quelle überprüfbar sein muss, ungeachtet dessen, dass sich das Internet im stetigen Wandel befindet. Aus diesem Grund bitten wir Sie Beiträge aus Internetquellen zu meiden, sofern sie nicht von zuverlässigen Stellen wie bspw. öffentlichen Behörden oder wissenschaftlichen Institutionen stammen. Zusätzlich empfiehlt sich, die Quelle als Digital- bzw. Printversion zu archivieren. Manche Lehrgebiete erwarten auch, dass Online-Quellen ausgedruckt dem Anhang der wissenschaftlichen Arbeit beigefügt werden.

3.5.9 Mitteilungen, Protokolle, E-Mails

Selbstverständlich können Sie auch aus persönlichen Mitteilungen, Gesprächen, E-Mails und Mailinglisten etc. zitieren. Allerdings wird dringend empfohlen, vor Verwendung mit dem Autor Kontakt aufzunehmen.

Format: (Autorenname, Quellenart, Datum)

Beispiel:

... „vertikal ist nicht horizontal" (Mustermann, persönliche Mitteilung, 29.06.2010) ...

Beispiel:

... Mustermann (persönliche Mitteilung, 29.06.2010) führte dazu aus, ...

Beispiel:

... dass vertikal nicht horizontal ist (vgl. Gespräch mit Mustermann, am 29.06.2010) ...

Persönliche Mitteilungen und artverwandten Quellen (z. B. Gespräche, Protokolle, eigene Notizen) werden seltener in das Literaturverzeichnis aufgenommen. Stattdessen wird häufiger die Quellenangabe als Fußnote angebracht.

3.5.10 Gesetzestexte

Auch wenn Gesetzestexte und Verordnungen keinem Urheberrecht unterliegen, geht man beim Zitieren nicht anders vor - als würde es sich um eine andere literarische Quelle handeln.

Beispiel: (Gesetz)

... (vgl. § 198 Abs. 2 UGB). ...

Beispiel: (Gesetz)

... (vgl. Art. 198 Abs. 2 UGB). ...

Statt auf Seitenzahlen zu verweisen, dienen Randziffern bzw. Noten der Orientierung.

Beispiel: (Kommentar)

... (vgl. Mustermann Max, Vertikaler Kommentar zu Art. 5 AB, Rz 22). ...

Beispiel: (Verordnung)

... (vgl. § 2 Abs. 1 VO zu § 34 Abs. 8 EStG). ...

Bei Entscheiden dienen der Jahrgang, die Seitenzahl und die Erwägung als Referenz.

Beispiel: (Entscheid)

... (vgl. ABE 32 | 75 E. 7). ...

3.5.11 Fremdsprachige Literatur

Fremdsprachige Zitate werden im Original übernommen. In der Regel bedarf es für englisch- und französischsprachige Zitate keine Übersetzung. Für anderssprachige Quellen empfiehlt es sich, die Übersetzung in der Fußnote bzw. im Anhang beizufügen.

Die Zitierweise gleicht den sonstigen Regeln. Allerdings werden üblicherweise andere Abkürzungen gebraucht.
– ed. (edition); 2nd ed. (second edition); Ed. (Editor)
– Eds (Editors)
– p. (Page); pp. (pages)
– Vol. (Volume); Vols. (Volumes)

Beispiel:

(Musterman and Smith 2010, p. 21). ...

3.6 Beispiele nach MLA-Style

Der MLA-Style verwendet ebenfalls die Quellenangabe innerhalb des Textes.

3.6.1 Werke mit einem Autor

Format: (Autorenname Seitenangabe)

> Beispiel: (direktes Zitat)
>
> ... Daraus ergibt sich: „vertikal ist nicht horizontal" (Mustermann 21). ...

Autor: Mustermann, Seite 21

> Beispiel: (indirektes Zitat)
>
> ... Daraus ergibt sich: „vertikal ist nicht horizontal" (cf. Mustermann 21). ...

Autor: Mustermann, Seite 21

> Beispiel: (direktes Zitat)
>
> ... Daraus ergibt sich: „vertikal ist nicht horizontal" (Mustermann 21-23). ...

Beispiel: (indirektes Zitat)

... So belegen die Ausführungen, dass vertikal nicht als horizontal zu betrachten ist (cf. Mustermann 21-23). ...

Autor: Mustermann, Seite 21 bis 23

Die Angaben zur Originalquelle können auch in den Text integriert werden, siehe das folgende Beispiel.

Beispiel: (direktes Zitat)

... Mustermann meint, „vertikal ist nicht horizontal" (21), woraus sich ableiten lässt, dass ...

Bei verschiedenen Quellen von Autoren mit dem gleichen Familiennamen und mindestens einem veröffentlichen Werk im selben Jahr, werden die Initialen des Vornamens als zusätzliches Unterscheidungskriterium vorangestellt.

Beispiel: (direktes Zitat)

... A. Mustermann meint, „vertikal ist nicht horizontal" (21), woraus sich ableiten lässt, dass ...

Beispiel: (direktes Zitat)

... 2010 meint B. Mustermann, „vertikal ist nicht horizontal" (34), woraus sich ableiten lässt, dass ...

> Beispiel: (direktes Zitat)
>
> ... Daraus ergibt sich: „vertikal ist nicht horizontal" (A. Muster-
> mann 21). ...

Sollte auch dieser erste Buchstabe des Vornamens gleich sein, werden die Vornamen ausgeschrieben.

> Beispiel: (direktes Zitat)
>
> ... Daraus ergibt sich: „vertikal ist nicht horizontal" (Anton Mus-
> termann 21). ...

> Beispiel: (direktes Zitat)
>
> ... Daraus ergibt sich: „Vertikalität bietet die Basis für Horizonta-
> lität" (Abdul Mustermann 227). ...

Um einer Verwechslung vorzubeugen sind Unternehmensnamen auszuschreiben.

> Beispiel: (direktes Zitat)
>
> ... Daraus ergibt sich: „vertikal ist nicht horizontal" (Institut für
> Senkrechtstarter 97). ...

Wörtliche Zitate, die länger als 40 Worte (bzw. 3 Zeilen) sind, können (und sollten bevorzugt) im Blocksatz-Format als eigenständiger, eingerückter Absatz ohne Anführungszeichen dargestellt werden.

Beispiel: (direktes Zitat)

Mustermann 2010 führt dazu aus:
  Gelegentlich lassen Darstellungen vermuten, dass senk-
  rechte und waagerechte Diagramme variabel zu belegen
  sind. Doch dem ist nicht so. Soweit die ganzheitlichen Be-
  trachtungen. Damit ist auch bewiesen: vertikal ist nicht horizontal. Das belegen auch inoffizielle Studien einiger Stu-
  denten, deren Auszüge im Folgenden zur Illustration dienen
  sollen. (21)

Darüber hinaus können dem Klammerausdruck auch weitere
Anmerkungen mitgegeben werden:

Beispiel:

So belegen die Ausführungen, dass vertikal nicht als horizontal
zu betrachten ist (vergleiche dazu Lehmann 3, Unzutreffende
Verschiebung der Horizontalität).

3.6.2 Werke mit mehreren Autoren

Fachbücher werden oft von mehreren Autoren geschrieben. Die Namen finden auch in der Quellenangabe ihre Berücksichtigung.

Format: (Autorenname 1 und Autorenname 2 Seitenangabe)

Beispiel: (direktes Zitat)

... Mustermann und Meyer sind der Meinung: „vertikal ist nicht horizontal" (21). ...

Beispiel: (direktes Zitat)

... Daraus ergibt sich: „vertikal ist nicht horizontal" (Mustermann and Schmidt 21). ...

Beispiel:

... Mustermann, Meyer und Schmidt führen dazu aus, ... (21). ...

Beispiel: (direktes Zitat)

... Daraus ergibt sich: „vertikal ist nicht horizontal" (Mustermann, Meyer, and Schmidt 21). ...

Bei mehr als 3 Autoren genügt folgender Verweis:

> Beispiel: (direktes Zitat)
>
> ... Daraus ergibt sich: „vertikal ist nicht horizontal" (Mustermann et al. 21). ...

> Beispiel:
>
> ... Mustermann et al. (2010) führen dazu aus, ...

Für indirekte Zitate gelten die allgemeinen Regeln.

> Beispiel: (indirektes Zitat)
>
> ... Daraus ergibt sich, dass vertikal nicht horizontal ist (cf. Mustermann et al. 21). ...

3.6.3 Mehrere Werke eines Autors

Sofern Sie auf mehrere Werke eines Autors verweisen, erfolgt zusätzlich die Angabe des Titels in einer abgekürzten Version.

Format: (Autorenname, *Titel 1* Seitenangabe; *Titel 2* Seitenangabe)

> Beispiel:
>
> ... (Mustermann, *Vertikales* 347; *Horizontales* 57) ...

3.6.4 Mehrere Werke eines Autors im gleichen Jahr

Da beim klassischen MLA-Style die Angabe des Erscheinungsjahres vernachlässigt wird, gelten auch hier die Regeln für die kurze Titelangabe.

Format: (Autorenname, *Titel 1* Seitenangabe; *Titel 2* Seitenangabe)

Beispiel:

... (Mustermann, *Vertikales* 347; *Horizontales* 57) ...

3.6.5 Mehrere Werke verschiedener Autoren

Bezieht sich eine Aussage auf mehrere Werke verschiedener Autoren, werden diese in einem Klammerausdruck dargestellt. Dabei werden die Autoren alphabetisch nach Nachnamen aufgeführt und mit einem Semikolon voneinander getrennt.

Format: (Autorenname 1, *Titel 1* Seitenangabe; Autorenname 2, *Titel 2* Seitenangabe)

> Beispiel:
>
> So belegen die Ausführungen, dass vertikal nicht als horizontal zu betrachten ist (vgl. Mustermann, *Vertikales* 347; Smith, *Horizontales* 57).

Bitte beachten Sie, bei Sammelzitationen richtet sich die Nennung der Autoren nach der alphabetischen Reihenfolge der Nachnamen und nicht nach dem Publikationsjahr.

3.6.6 Beitrag im Buch eines anderen (Sammelband)

Möchten Sie auf einen einzelnen Beitrag innerhalb eines Buches verweisen, wird in der Kurz-Quellenangabe lediglich der Name des Autors angegeben, der den Beitrag verfasst hat und nicht der Herausgeber, der die Zusammenstellung aller Beiträge vorgenommen hat.

Format: (Autorenname Beitrag Seitenangabe)

> Beispiel: (indirektes Zitat)
>
> So belegen die Ausführungen, dass vertikal nicht als horizontal zu betrachten ist (cf. Mustermann 123).

3.6.7 Sekundärzitate

In Fachbüchern werden Sie oft Zitate von anderen Autoren lesen. Bitte schreiben Sie diese nicht gedankenlos ab, auch wenn Sie Ihnen noch so passend erscheinen. Da der Autor, der aus der Primärquelle (dem Original) zitierte, einerseits bei der Auswahl des Zitates seine eigene Sichtweise einnahm und sich Fehler bei der Interpretation sowie der Quellenangabe eingeschlichen haben könnten, ist das Zitieren aus Sekundärquellen möglichst zu vermeiden.

Da jedoch manche Literatur nur schwer oder gar nicht zugänglich ist, haben Sekundärzitate selbstverständlich auch in wissenschaftlichen Publikationen ihre Daseinsberechtigung. Allerdings sollte aus der Formulierung ersichtlich werden, wer welche Aussage traf. Sind auch diese Namen nicht bekannt, sollte die Wortwahl dem angemessen sein, d.h. z. B. Müller und Schmidt "unterstützen" den Gedanken oder "greifen ihn auf" und nicht "gemäß" etc.

In nachfolgenden Beispielen zitiert der Autor Mustermann ein Werk von Meyer.

Format: (qtd. in Name Originalautor Seitenangabe)

Beispiel:
... (qtd. in Mustermann 14) ...

Übrigens, selbst wenn Ihnen die Originalliteratur auch nicht in der Bibliothek zur Verfügung steht, sollten Sie sich die Quelle erschließen, bspw. über http://books.google.de/ Auf diese Weise erhalten Sie nicht nur Zugang zu manchen vergriffenen Publikationen, sondern auch Hinweise zu weiterführender Literatur.

3.6.8 Internetquellen

Internetseiten haben wie auch andere Publikationen einen Autor bzw. Herausgeber, unabhängig davon, ob ein Verfasser den Seitenbeitrag unterzeichnet hat. Aus diesem Grund erfolgt die Quellenangabe gegenüber einer anderen Publikation nicht abweichend, obgleich es noch keinen klar definierten Beleg-Standard gibt.

> Beispiel:
>
> ... (cf. Mustermann). ...

Sofern kein Autor erkennbar ist, wird der Titel verkürzt angegeben.

> Beispiel:
>
> ... (*Horizontalismus und Vertikalismus*). ...

Bitte beachten Sie, dass die Quelle überprüfbar sein muss, sich das Internet allerdings im stetigen Wandel befindet. Aus diesem Grund bitten wir Sie Beiträge aus Internetquellen zu meiden, sofern sie nicht von zuverlässigen Stellen wie bspw. öffentlichen Behörden oder wissenschaftlichen Institutionen stammen. Zusätzlich empfiehlt sich, die Quelle als Digital- bzw. Printversion zu archivieren. Manche Lehrgebiete erwarten auch, dass Online-Quellen ausgedruckt dem Anhang der wissenschaftlichen Arbeit beigefügt werden.

3.6.9 Mitteilungen, Protokolle, E-Mails

Selbstverständlich können Sie auch aus persönlichen Mitteilungen, Gesprächen, E-Mails und Mailinglisten etc. zitieren. Allerdings wird dringend empfohlen, vor Verwendung mit dem Autor Kontakt aufzunehmen.

Format: (Autorenname, Quellenart, Datum)

Beispiel:

... „vertikal ist nicht horizontal" (Mustermann, persönliche Mitteilung, 29.06.2010) ...

Beispiel:

... Mustermann (persönliche Mitteilung, 29.06.2010) führte dazu aus, ...

> Beispiel:
>
> ... dass vertikal nicht horizontal ist (cf. Gespräch mit Muster-
> mann, am 29.06.2010) ...

Persönliche Mitteilungen und artverwandten Quellen (z. B.
Gespräche, Protokolle, eigene Notizen) werden seltener in das
Literaturverzeichnis aufgenommen. Stattdessen wird häufiger
die Quellenangabe als Fußnote angebracht.

3.6.10 Gesetzestexte

Auch wenn Gesetzestexte und Verordnungen keinem Urheberrecht unterliegen, geht man beim Zitieren nicht anders vor
- als würde es sich um eine andere literarische Quelle handeln.

> Beispiel: (Gesetz)
>
> ... (vgl. § 198 Abs. 2 UGB). ...

> Beispiel: (Gesetz)
>
> ... (vgl. Art. 198 Abs. 2 UGB). ...

Statt auf Seitenzahlen zu verweisen, dienen Randziffern bzw. Noten der Orientierung.

Beispiel: (Kommentar)

... (vgl. Mustermann Max, Vertikaler Kommentar zu Art. 5 AB, Rz 22). ...

Beispiel: (Verordnung)

... (vgl. § 2 Abs. 1 VO zu § 34 Abs. 8 EStG). ...

Bei Entscheiden dienen der Jahrgang, die Seitenzahl und die Erwägung als Referenz.

Beispiel: (Entscheid)

... (vgl. ABE 32 | 75 E. 7). ...

3.6.11 Fremdsprachige Literatur

Fremdsprachige Zitate werden im Original übernommen. In der Regel bedarf es für englisch- und französischsprachige Zitate keine Übersetzung. Für anderssprachige Quellen empfiehlt es sich, die Übersetzung in der Fußnote bzw. im Anhang beizufügen.

Die Zitierweise gleicht den sonstigen Regeln.

3.7 Quellenangaben in Fußnoten

Da Fußnoten oft einen erheblichen Teil der Seite einnehmen können, erwarten viele Lehrgebiete, dass Sie sich innerhalb des Textes einer Kurz-Quellenangabe (siehe Beispiele bei Zitation) bedienen und auf Fußnoten gänzlich verzichten. Insbesondere die amerikanischen Zitierweisen wie APA-, MLA- oder HARVARD-Style sehen keine Fußnoten für einen Quellenbeleg vor. Stattdessen werden sie, wenn überhaupt, lediglich für Anmerkungen genutzt. Sollte in Ihrem Lehrgebiet allerdings die deutsche Zitierweise bevorzugt werden, ist es nicht weiter tragisch. Die Fußnoten-Quellenangabe unterliegt nämlich den gleichen Regeln wie andere Belege. Achten Sie allerdings auf ihre abweichende Verwendungsweise.

	Quellenangabe in Fußnoten	Quellenangabe im Text
Erste Nennung	Lang-Quellenangabe	Kurz-Quellenangabe
Weitere Nennung	Kurz-Quellenangabe	Kurz-Quellenangabe
Literaturverzeichnis	Lang-Quellenangabe	Lang-Quellenangabe

Erstmalige Nennung der Quelle

Lang-Quellenangabe (Autorenname, Erscheinungsjahr, Titel, ggf. Auflage, Seitenangabe)

Beispiel: (deutsche Zitierweise)

1   Mustermann, Anna: Horizontalität und Vertikalität. Frankfurt 2007, S. 58-70.

Beispiel: (amerikanische Zitierweise)

1   Mustermann, Anna (2007): Horizontalität und Vertikalität. Unveröffentlichter Bericht. Frankfurt: Beispielito, S. 58-70.

Beispiel: (amerikanische Zitierweise)

1   Mustermann, Anna (2007): Horizontalität und Vertikalität. Unveröffentlichte Master-Arbeit. Musterstadt: XY Universität, S. 58-70.

Wiederholte Nennung der Quelle

Kurz-Quellenangabe (Autorenname, ggf. Erscheinungsjahr, Seitenangabe)

Beispiel:

3   ebd., S. 77.

> **Beispiel:**
>
> 3   vgl. ebd., S. 77.

> **Beispiel:**
>
> 5   Mustermann, A., a. a. O., S. 89.

Bitte beachten Sie, dass bei der Verwendung von Fußnoten eine Quellenangabe innerhalb des Textes mit einer hochgestellten Zahl versehen wird, die in den Fußnoten wiederkehrt. Die Quellenangabe selbst wird nicht in einer Gesamtklammer dargestellt und schließt in jedem Fall mit einem Punkt ab.

3.8 Abkürzungen in Quellenangaben

Nachstehende Abkürzungen sind standardisiert. Bei einem Gebrauch müssen Sie nicht in einem separaten Abkürzungsverzeichnis aufgenommen werden.

a. a. O.	am angegebenen Ort
Abb.	Abbildung
Abs.	Absatz
Abschn.	Abschnitt
Anh.	Anhang
Anm.	Anmerkung

Art.	Artikel
Aufl.	Auflage
Ausg.	Ausgabe
Bd.	Band
Beil.	Beilage
cf.	confer (vergleiche)
ebd.	ebenda (ersetzt Autor und Erscheinungsjahr)
ed.	Herausgeber
et al.	et alili; und andere Autoren, Herausgeber (ab 3 verschiedene Angaben)
f / ff	Folgende Seite(n)
Fn.	Fußnote
Hrsg.	Herausgeber
ibid.	am angegebenen Ort
J.	Jahr
Jahrg.	Jahrgang
o. A.	ohne Autorenangabe
o. J.	ohne Jahresangabe
o. O.	ohne Ortsangabe
qtd. in	quoted in

sic	Hinweis auf Wiedergabe des tatsächlichen Originalinhalts (bspw. bei einem Fehler)
Tab.	Tabelle
u. a.	und andere Autoren, Herausgeber (ab 3 verschiedene Angaben)
Übers.	Übersetzer
Verf.	Verfasser
vgl.	vergleiche

Bitte nutzen Sie die vorgenannten Abkürzungen nur in ihrem Zusammenhang. So muss bspw. beim Gebrauch von 'ebd.' (= ebenda) ganz klar erkenntlich sein, auf welche Angabe sich 'ebd.' bezieht.

Exemplarisch für den APA-Style bedeutet das:

Beispiel:

... (ebd., S. 73). ...

Beispiel:

... (vgl. ebd., S. 73). ...

Übrigens, zur Verwendung von 'ebd.' gibt es verschiedene Auslegungen, mitunter werden auch die Seitenangaben weggelassen. Wir empfehlen jedoch, das nicht zu tun.

3.9 Nachdruck, Reprint, Faksimile

Es empfiehlt sich, im Klammerausdruck beide Jahreszahlen anzugeben.

Beispiel:

... (Mustermann, 1912/1991) ...

4. Literaturverzeichnis

Das Literaturverzeichnis enthält alle im Text verwendeten literarischen Quellen. Sie sind alphabetisch nach dem Familiennamen des Autors bzw. des Herausgebers oder dem Namen der herausgebenden Institution geordnet, danach chronologisch nach dem Erscheinungsjahr (das älteste Werk zuerst). Alle unnötigen Informationen wie das Anhängsel 'Verlag' sind wegzulassen.

Die Quellenangabe verfolgt schließlich den Sinn, dass der Leser die Originalquelle des Zitates auffinden und bei Bedarf nachlesen kann. Gehen wir also im Beispiel davon aus, dass ein Zitat der Seite 66 aus der 6. Auflage des Jahres 2008 entnommen wurde. Würde als Quellenangabe auf die 1. Auflage des Jahres 2000 verwiesen werden, könnte sich das Zitat in dieser möglicherweise auf der Seite 73 befinden oder noch gar nicht enthalten sein. Daher bitte merken: Buch - Jahr - Seite gehören pro Ausgabe stets zusammen. Sollte also es sich bei Werken nicht um eine Erstausgabe handeln, wird die verwendete Auflage in der Quellenangabe ergänzt.

4.1 Beispiele nach APA-System

Für alle Quellen gilt, wurden mehrere Erscheinungsorte aufgeführt, wird im Literaturverzeichnis nur der erste Ort in der Aufzählung angegeben.

Buch (Monographie - ein Autor)
Format: Nachname, Vorname [abgekürzt]. (Erscheinungsjahr). *Titel inklusive Untertitel* (ggf. Auflage). Erscheinungsort: Verlag.

Beispiel: (1. Auflage)

Mustermann, A. (1991). *Beispielwelten - Methodische Grundlagen*. Musterstadt: Studiosis.

Beispiel: (7. Auflage)

Mustermann, A. (2005). *Beispielwelten - Methodische Grundlagen* (7. Aufl.). Musterstadt: Studiosis.

Wie Sie feststellen konnten, werden Zusatzinformation, z. B. Auflage oder Bandnummer hinter dem Titel, jedoch noch vor dem abschließenden Punkt in Klammern eingefügt. Dafür werden ausschließlich arabische Ziffern verwendet. Da diese Angaben nicht zum Titel gehören, werden sie auch nicht kursiv gesetzt. Bitte beachten Sie in dem Zusammenhang, dass bei einer Erstausgabe keine Auflage angegeben wird.

Ein vorhandener Untertitel wird mit einem Doppelpunkt vom Haupttitel getrennt und ebenfalls in kursiver Schrift gesetzt.

> Beispiel: (8., aktualisierte und überarbeitete Auflage)
>
> Mustermann, A. (2009). *Beispielwelten: Methodische Grundlagen* (8., aktualisierte und überarbeitete Aufl.). Musterstadt: Studiosis.

> Beispiel: (Nachdruck, Reprint, Faksimile)
>
> Mustermann, A. (1991). *Beispielwelten - Methodische Grundlagen*. Musterstadt: Studiosis. (Originalausgabe 1912)

> Beispiel: (Übersetzung)
>
> Mustermann, A. (1991). *Beispielwelten - Methodische Grundlagen* (B. Smith, Übers.). Musterstadt: Studiosis.

Buch (Monographie - mehrere Autoren)

Format: Nachname A, Vorname [abgekürzt], & Nachname B, Vorname [abgekürzt]. (Erscheinungsjahr). *Titel inklusive Untertitel* (ggf. Auflage). Erscheinungsort: Verlag.

> Beispiel:
>
> Mustermann, A., & Smith, G. L. (1991). *Beispielwelten - Methodische Grundlagen*. Musterstadt: Studiosis.

Mehrere Werke eines Autors im gleichen Erscheinungsjahr

Format: Nachname, Vorname [abgekürzt]. (ErscheinungsjahrX). *Titel inklusive Untertitel* (ggf. Auflage). Erscheinungsort: Verlag.

Herausgeberwerk, Enzyklopädie, Handbuch

Format: Nachname, Vorname [abgekürzt]. (Hrsg.). (Erscheinungsjahr). *Titel inklusive Untertitel* (ggf. Auflage). Erscheinungsort: Verlag.

Buch einer Körperschaft / eines Vereins als Autor

Format: Verein [ausgeschrieben]. (Erscheinungsjahr). *Titel inklusive Untertitel* (ggf. Auflage). Erscheinungsort: Verlag.

Einleitung, Vorwort, Nachwort

Format: Nachname, Vorname [abgekürzt]. (Erscheinungsjahr). Beschreibung. *Titel inklusive Untertitel.* Von Vorname [abgekürzt]. und Nachname. Erscheinungsort: Verlag.

Beitrag im Buch eines anderen (Sammelband)

Format: Nachname, Vorname [abgekürzt]. (Erscheinungsjahr des Sammelbandes). Titel inklusive Untertitel des Beitrages. In Vorname des Herausgebers [abgekürzt]. Nachname des Herausgebers (Hrsg.), *Titel des Sammelbandes inklusive Untertitel* (Seitenangabe), Erscheinungsort: Verlag.

Beispiel:

Mustermann, A. (2005). Kritische Weltbetrachtung. In F. Smith (Hrsg.), *Beispielwelten - Methodische Grundlagen* (S. 56-73). Musterstadt: Studiosis.

Beispiel:

Mustermann, A. (2005). Kritische Weltbetrachtung. In F. Smith & V. von Winter (Hrsg.), *Beispielwelten - Methodische Grundlagen* (S. 56-73). Musterstadt: Studiosis.

Bitte denken Sie daran: Würde der Name des Beitrag-Autors nicht im Literaturverzeichnis aufgeführt, könnte er innerhalb des Textes auch nicht als Quellenangabe dienen.

Lexikon, Nachschlagewerk

Format: Titel inklusive Untertitel des Beitrages. (Erscheinungsjahr). In Vorname des Herausgebers [abgekürzt]. Nachname des Herausgebers (Hrsg.), *Titel des Sammelbandes inklusive Untertitel* (Seitenangabe), Erscheinungsort: Verlag.

> Beispiel:
>
> Kritikfähigkeit. (2008). In F. Smith (Hrsg.), *Wörterbuch des Verhaltens* (S. 56-73). Musterstadt: Studiosis.

Veröffentlichtes Studienskript

Format: Nachname, Vorname [abgekürzt]. (Erscheinungsjahr). *Titel inklusive Untertitel* (ggf. Auflage). Erscheinungsort: Verlag.

> Beispiel:
>
> Mustermann, A. (2008). *Einführungskurs in die Betriebswirtschaft.* Musterstadt: Universität Fantastico.

Unveröffentlichte bzw. zur Veröffentlichung eingereichte Arbeit

Es kann sich für notwendig erweisen, dass Sie aus noch unveröffentlichten Arbeiten zitieren. Dazu können zählen:

- Manuskripte
- Aufsätze für Zeitschriften und Broschüren
- Hochschulschriften, Studien- und Abschlussarbeiten
- Normen
- Geschäftsberichte und andere Firmenschriften

Format: Nachname, Vorname [abgekürzt]. (Erscheinungs-jahr). *Titel inklusive Untertitel.* Unveröffentlichte Hochschul-schrift, Universität / Institution, Ort.

Beispiel:

Mustermann, A. (1991). *Beispielwelten im Kontext der empiri-schen Versuchung.* Unveröffentlichte Dissertation, Universi-tät Fantastico, Musterstadt.

Beispiel:

Mustermann, A. (1991). *Beispielwelten im Kontext der empiri-schen Versuchung.* Unveröffentlichte Studienabschlussarbeit, Universität Fantastico, Musterstadt.

Beispiel:

Mustermann, A. (1991). *Die Wirkungsweise von Beispielwelten im Studienalltag. Eine Längsschnittstudie* (Bericht zur Erhe-bung 2010). Unveröffentlichter Projektabschlussbericht, Universität Fantastico, Musterstadt.

Format: Nachname, Vorname [abgekürzt]. (Erscheinungsjahr). *Titel inklusive Untertitel.* Zur Veröffentlichung eingereicht.

Beispiel:

Mustermann, A. (2010). *Beispielwelten im Kontext.* Zur Veröffentlichung eingereicht.

Format: Nachname, Vorname [abgekürzt]. (in Druck). *Titel inklusive Untertitel* (ggf. Auflage). Erscheinungsort: Verlag.

Beispiel:

Mustermann, A. (in Druck). *Beispielwelten im Kontext* (2. Band). Leipzig: Beispielito.

(Unveröffentlichter) Vortrag
Format: Nachname, Vorname [abgekürzt]. (Datum). Titel. Erläuterung und Ort.

Beispiel:

Mustermann, A. (2010, Oktober). Beispielwelten im Kontext. Vortrag auf dem 17. Kongress der Senkrechtstarter in Musterstadt.

Zeitschrift

Format: Nachname, Vorname [abgekürzt]. (Erscheinungsjahr der Zeitschrift). Titel des Artikels. *Titel der Zeitschrift, Ausgabe/Band/Jahrgangsnummer*, Seitenangabe.

Beispiel:

Mustermann, A. (2010). Beispielwelten im Kontext. *Wochenmagazin der Insider, 56*, 67-76.

Wie Ihnen sicherlich schon aufgefallen ist, wird bei dieser Quellenangabe weder ein 'In', noch ein 'S.' benötigt.

Verfügt die Zeitschrift nicht über eine Jahrgangspaginierung (Durchzählung der Seitenangaben durch den ganzen Jahrgang), muss die Heftnummer angegeben werden.

Format: Nachname, Vorname [abgekürzt]. (Erscheinungsjahr der Zeitschrift). Titel des Artikels. *Titel der Zeitschrift, Ausgabe/Band/Jahrgangsnummer (Heftnummer)*, Seitenangabe.

Beispiel:

Mustermann, A. (2010). Beispielwelten im Kontext. *Wochenmagazin der Insider, 56 (3)*, 67-76.

Themenheft einer Zeitschrift

Format: Nachname, Vorname [abgekürzt]. (Erscheinungsjahr der Zeitschrift). Titel [Themenheft]. *Titel der Zeitschrift, Ausgabe/Band/Jahrgangsnummer (Heftnummer).*

Beispiel:

Mustermann, A. (2010). Beispielwelten [Themenheft]. *Pädagogica, 56 (3).*

Tageszeitung

Format: Nachname, Vorname [abgekürzt]. (Erscheinungsdatum der Tageszeitung). Titel des Beitrags. *Titel der Tageszeitung,* Seitenangabe.

Beispiel:

Mustermann, A. (15.11.2010). Beispielwelten im Kontext. *Neue freie Zeitung,* 17.

Sonderbeilage einer Tageszeitung

Format: Nachname, Vorname [abgekürzt]. (Erscheinungsdatum der Tageszeitung). Titel des Beitrags. *Titel der Tageszeitung,* Seitenangabe.

Beispiel:

Mustermann, A. (15.11.2010). Beispielwelten im Kontext. *Neue freie Zeitung,* S. B17.

Bitte beachten Sie, sofern die Seitenangabe nicht numerisch erfolgt, wird 'S.' davor gefügt, um die Seitenangabe kenntlich zu machen.

Wochenzeitung

Format: Nachname, Vorname [abgekürzt]. (Erscheinungsdatum der Wochenzeitung). Titel des Beitrags. *Titel der Wochenzeitung, Woche,* Seitenangabe.

Beispiel:

Mustermann, A. (15.11.2010). Beispielwelten im Kontext. *Neue Wochenzeitung, 33,* 17.

Online-Dokument

Im Literaturverzeichnis gelten ebenso die üblichen Regeln. Zusätzlich ist jedoch die URL und das Abrufdatum anzugeben. Ein weiterer Hinweis darauf, dass es sich um ein Online-Dokument handelt, ist nicht notwendig.

Format: Nachname, Vorname [abgekürzt]. (Erscheinungsjahr). Titel des Artikels. Abgerufen am Datum von URL

Beispiel:

Mustermann, A. (2010). Beispielwelten im Kontext. Abgerufen am 14.11.2010 von http://www.Insider-Mix.de/1234.html

> Beispiel:
>
> Amt der Zwischenweltler (o. J.). Beispielwelten. Abgerufen am
> 14.11.2010 von http://www.Insider-Mix.de/1234.html

Bitte beachten Sie, dass bei Internetquellen der abschließende
Punkt entfällt.

Online-Zeitschrift

Format: Nachname, Vorname [abgekürzt]. (Erscheinungsjahr
der Zeitschrift). Titel des Artikels. *Titel der Zeitschrift, Jahrgangsnummer (Heftnummer),* Seitenangabe. Abgerufen am
Datum von URL

> Beispiel:
>
> Mustermann, A. (2010). Beispielwelten im Kontext. *Zeitschrift
> für Insider, 4 (5),* 17-18. Abgerufen am 14.11.2010 von
> http://www.Insider-Mix.de/1234.html

> Beispiel:
>
> Mustermann, A. (2010). Beispielwelten im Kontext. Leitfaden
> für Insider. Download am 14.11.2010 von http://www.Insi-
> der-Mix.de/1234.pdf

Sofern eine elektronische Version genutzt wurde, die jedoch inhaltlich mit der Printversion identisch ist, erfolgt die Zitation im nachstehenden Format.

Beispiel:

Mustermann, A. (2010). Beispielwelten im Kontext [Elektronische Version]. *Zeitschrift für Insider, 7,* 93-94.

Sollte die Länge der Adresse einen Zeilenumbruch bedingen, ist es sinnvoll, darauf hinzuweisen. Bitte achten Sie an dieser Stelle insbesondere auf die Vorgaben Ihres Lehrgebietes. Mitunter wird die Regel verwendet, dass die Trennung durch einen Bindestrich angezeigt wird, der unmittelbar vor einem Schrägstrich (slash) steht, manchmal ist der Bindestrich sogar unerwünscht. Sollten Sie keine strikten Vorgaben haben, empfehlen wir Ihnen, bei der Angabe einer Internetadresse vollständig auf Trennungszeichen zu verzichten. Möchten Sie unserer Empfehlung folgen, sollten Sie die automatische Silbentrennung ausgeschaltet haben, da sonst unerwünschte Nebeneffekte auftreten können. Denn wer weiß schon, ob ein in der URL enthaltener Bindestrich gar nicht zu der Internetadresse gehört, sondern lediglich Resultat einer Silbentrennung ist?

Bitte beachten Sie außerdem, dass in Internetquellenangaben in jedem Fall dynamische Elemente (z. B. Session-ID's) zu vermeiden sind.

Gerichtsentscheidung, Gesetz, Verordnung

In der Regel erfolgt die Quellenangabe für juristische Texte nach den juristischen Prinzipien: Angabe von Gesetzbuch, Fassung, Paragraph, Absatz, Nummer etc.

> Beispiel:
>
> Fantastisches Gesetzbuch i. d. F. der Bekanntmachung v. 28.11.2002, FGBl. I 2002 S. 37, ber. S. 999 und FGBl. I 2003 S. 666, zul. geänd. durch Art. 1 Drittes Gesetz zur Änderung des Imperiumrechts (Drittes Imperiumrechtsänderungsgesetz – 3. I-mÄndG) v. 29.7.2006 (FGBl. I 2006, S. 1222) und Art. 5 I Viertes Gesetz zur Neuregelung des Vertikalrechts v. 15.9.2006 (FGBl. I 2006 S. 2222)

Anderenfalls können Sie sich an nachstehenden Beispielen orientieren.

Gerichtsentscheidung

Format: Gericht, Kammer oder Senat. (Jahr, Tag Monat der Entscheidung). Aktenzeichen. Fundstelle, Seitenangabe.

> Beispiel:
>
> Beispielgerichtshof, Xb. Zivilsenat. (2010, 28. November). Xb ZB 123/04. BVerfGE 77, 345.

Gesetz / Verordnung

Format: Gesetzgeber/Behörde. (Jahr, Tag Monat der Veröffentlichung). Titel: Abkürzung. Fundstelle, Seitenangabe.

> Beispiel:
>
> Ministerium Musterland (2010, 22. September). Verordnung des Ministeriums über die Gründung vertikaler Vereine: GvV. Juristisches Blatt der Senkrechtstarter, 5-23.

Gesetzeskommentar

Format: Nachname, Vorname [abgekürzt]. (Hrsg. / Bearb.). (Erscheinungsjahr). *Titel inklusive Untertitel*. Erscheinungsort: Verlag.

> Beispiel:
>
> Mustermann, A. (Hrsg.). (1991). *VeGB: Vertikalitätsgesetzbuch*. Kommentar. Musterstadt: Studiosis.

Beitrag in Gesetzeskommentar

Format: Nachname, Vorname [abgekürzt]. (Erscheinungsjahr). Titel inklusive Untertitel. In Vorname [abgekürzt]. Nachname (Hrsg.), *Titel des Kommentars* (Seitenangabe). Erscheinungsort: Verlag.

> Beispiel:
>
> Mustermann, A. (1991). § 22. In F. Smith (Hrsg.), *VeGB: Vertikalitätsgesetzbuch* (S. 56-73). Musterstadt: Studiosis.

Radio- / TV-Beitrag

Format: Nachname, Vorname [abgekürzt]. (Erläuterung). (Ausstrahlungsjahr). Titel [Beitragsart]. In Nachname, Vorname [abgekürzt]., Sendetitel und Ausstrahlungsdatum. Ort: Sender.

> Beispiel:
>
> Mustermann, A. (Experte). (2009). Beispielwelten in der Erprobung. [Fernsehsendung]. Smith, G. (Moderator), *Blitzgespräch vom 27.05.2009.* Köln: TV XYZ.

Spiel- / Dokumentarfilm

Format: Nachname, Vorname [abgekürzt]. (Erläuterung). (Ausstrahlungsjahr). Titel [Beitragsart]. Land: Filmstudio.

> Beispiel:
>
> Mustermann, A. (Buch & Regie). (2009). *Beispielwelten in der Erprobung.* [Dokumentarfilm]. Deutschland: XYZ Film.

Persönliche Mitteilung (z. B. E-Mail, Gespräch)

Es unterscheiden sich die Ansichten, ob persönliche Mitteilungen wie traditionelle Quellen in das Literaturverzeichnis aufgenommen werden. Oft wird darauf verzichtet, stattdessen die Aufnahme als Fußnote bevorzugt.

Format: Absender (Datum). Betreff. Notizart / E-Mail-Adresse / Mailinglist-Adresse

Beispiel:

Mustermann, A. (2010, 11. Januar). Horizonte. E-Mail:
  Mustermann@abc.com

Beispiel:

Mustermann, A. (2010, 11. Januar). Re: Horizonte. E-Mail:
  Mustermann@abc.com

Beispiel:

Mustermann, A. (2010, 11. Januar). Horizonte. Nachricht veröffentlicht in mailinglist: Forum-Mustermann@abc-list.com

Beispiel:

Mustermann, A. (2010, 11. Januar). Re: Horizonte. Nachricht
  veröffentlicht in mailinglist:
  Forum-Mustermann@abc-list.com

CD / DVD - Nachschlagewerk

Format: Titel des Artikels. (Erscheinungsjahr). *Name des Nachschlagewerks.* Auflage. Format. Erscheinungsort: Verlag.

Beispiel:

Beispielwelten. (2010). *Lehrwerk Zwischenwelten.* 2nd ed. CD ROM. Musterstadt: Senkrechtstarter.

4.2 Beispiele nach HARVARD-System

Buch (Monographie - ein Autor)
Format: Nachname, Vorname [abgekürzt] Erscheinungsjahr, *Titel inklusive Untertitel,* ggf. Auflage, Verlag, Erscheinungs-ort.

> Beispiel: (1. Auflage)
>
> Mustermann, A 1991, *Beispielwelten - Methodische Grundla-gen,* Studiosis, Musterstadt.

> Beispiel: (2. Auflage)
>
> Mustermann, FJ 1991, *Beispielwelten - Methodische Grundla-gen,* 2nd edn, Studiosis, Musterstadt.

> Beispiel: (2. Auflage)
>
> Mustermann, FJ 1991, *Beispielwelten - Methodische Grundla-gen,* 2. Auflage, Studiosis, Musterstadt.

Bitte beachten Sie die Schreibweise der Initialen.

Genauso wird auch eine als Buch veröffentlichte Dissertation aufgeführt. Nach dem Titel wird die Angabe über den erlangten Grad und die Universität in Klammern ergänzt.

Beispiel:

Mustermann, A 1991, *Beispielwelten im Kontext der Versuchung*. (PhD Universität Fantastico), Studiosis, Musterstadt.

Bei Reprints wird zusätzlich das ursprüngliche Datum in eckigen Klammern angegeben. Die Orts- und Verlagsangaben beziehen sich auf die verwendete Ausgabe.

Beispiel: (Nachdruck, Reprint, Faksimile)

Mustermann, A [1912] 1991, *Beispielwelten - Methodische Grundlagen*, Nachdruck, Studiosis, Musterstadt.

Beispiel: (Übersetzung)

Mustermann, A 1991, *Beispielwelten - Methodische Grundlagen*, Übers. von B. Smith, Studiosis, Musterstadt.

Gelegentlich wird empfohlen, bei einer Übersetzung auch das Ausgabejahr des Originals zu erwähnen. Achten Sie in dem Zusammenhang auf die Vorgaben Ihres Lehrgebietes.

Buch (Monographie - mehrere Autoren)

Format: Nachname A, Vorname [abgekürzt] & Nachname B, Vorname [abgekürzt] Erscheinungsjahr, *Titel inklusive Untertitel*, Verlag, Erscheinungsort.

Beispiel:

Mustermann, A & Smith GL 1991, *Beispielwelten - Methodische Grundlagen*, Studiosis, Musterstadt.

Beispiel:

Mustermann, A, Snyder, F & Smith GL 1991, *Beispielwelten - Methodische Grundlagen*, Studiosis, Musterstadt.

Beispiel:

Mustermann, A, Snyder, F, Mulder, TH & Smith GL 1991, *Beispielwelten - Methodische Grundlagen*, Studiosis, Musterstadt.

Mehrere Werke eines Autors im gleichen Erscheinungsjahr

Format: Nachname, Vorname [abgekürzt] ErscheinungsjahrX, *Titel inklusive Untertitel*, Verlag, Erscheinungsort.

Beispiel:

Mustermann, A 1991a, *Beispielwelten - Methodische Grundlagen*, Studiosis, Musterstadt.

Beispiel:

Mustermann, A 1991b, *Beispielwelten - Theoretische Basis*, Studiosis, Musterstadt.

Herausgeberwerk, Enzyklopädie, Handbuch

Format: Nachname, Vorname [abgekürzt] (Hrsg.), Erscheinungsjahr, *Titel inklusive Untertitel*, ggf. Auflage, Verlag, Erscheinungsort.

Beispiel:

Mustermann, A (ed.) 1991, *Beispielwelten - Methodische Grundlagen*, Studiosis, Musterstadt.

Beispiel:

Mustermann, A (Hrsg.) 1991, *Beispielwelten - Methodische Grundlagen*, Studiosis, Musterstadt.

Beispiel:

Mustermann, A & Smith, FJ (eds) 1991, *Beispielwelten - Methodische Grundlagen*, vol. 4, *Erste Ansichten*, Studiosis, Musterstadt.

Beispiel:

Mustermann, A & Smith, FJ (Hrsg.) 1991, *Beispielwelten - Methodische Grundlagen*, 4. Band, *Erste Ansichten*, Studiosis, Musterstadt.

Beispiel: (Reihe)

Mustermann, A & Smith, FJ (Hrsg.) 1991, *Fantastische Welten: Beispielwelten*, 4. Band, *Erste Ansichten*, Studiosis, Musterstadt.

Buch einer Körperschaft / eines Vereins als Autor

Format: Verein [ausgeschrieben] Erscheinungsjahr, *Titel inklusive Untertitel*, ggf. Auflage, Verlag, Erscheinungsort.

Beispiel:

Verein der Senkrechtstarter 1991, *Beispielwelten - Methodische Grundlagen*, Studiosis, Musterstadt.

Einleitung, Vorwort, Nachwort

Format: Nachname, Vorname [abgekürzt], Erscheinungsjahr, Beschreibung, *Titel inklusive Untertitel*, von Vorname [abgekürzt] und Nachname, Verlag, Erscheinungsort.

Beispiel:

Mustermann, A 1991, Einleitung, *Beispielwelten - Methodische Grundlagen*, von W Walter, Studiosis, Musterstadt.

Beitrag im Buch eines anderen (Sammelband)

Format: Nachname, Vorname [abgekürzt] Erscheinungsjahr, 'Titel inklusive Untertitel des Beitrages', in Vorname des Herausgebers [abgekürzt] Nachname des Herausgebers (Hrsg.), *Titel des Sammelbandes inklusive Untertitel*, Verlag, Erscheinungsort.

Beispiel:

Mustermann, A 1991, 'Kritische Weltbetrachtung' in F Smith & V von Winter (Hrsg.), *Beispielwelten - Methodische Grundlagen*, Studiosis, Musterstadt.

Gelegentlich finden Sie die Quellenangabe auch mit einer Seitenangabe.

Beispiel:

Mustermann, A 1991, 'Kritische Weltbetrachtung' in F Smith & V von Winter (eds), *Beispielwelten - Methodische Grundlagen*, pp. 36-49, Studiosis, Musterstadt.

Bitte denken Sie daran: Würde der Name des Beitrag-Autors nicht im Literaturverzeichnis aufgeführt, könnte er innerhalb des Textes auch nicht als Quellenangabe dienen.

Lexikon, Nachschlagewerk

Format: Nachname, Vorname [abgekürzt] (Hrsg.), Erscheinungsjahr, *Titel inklusive Untertitel*, ggf. Auflage, Verlag, Erscheinungsort.

> Beispiel:
>
> Smith, F. (Hrsg.) 2008, *Wörterbuch des Verhaltens*, Studiosis, Musterstadt.

Veröffentlichtes Studienskript

Format: Nachname, Vorname [abgekürzt] Erscheinungsjahr) *Titel inklusive Untertitel*, Universität / Institution, Ort.

> Beispiel:
>
> Mustermann, A 2008, *Einführungskurs in die Betriebswirtschaft: Studienskript*, Universität Fantastico, Musterstadt.

Unveröffentlichte bzw. zur Veröffentlichung eingereichte Arbeit

Es kann sich für notwendig erweisen, dass Sie aus noch unveröffentlichten Arbeiten zitieren. Dazu können zählen:

- Manuskripte
- Aufsätze für Zeitschriften und Broschüren
- Hochschulschriften, Studien- und Abschlussarbeiten
- Normen
- Geschäftsberichte und andere Firmenschriften

In diesem Fall wird der Titel nicht kursiv gesetzt bzw. unterstrichen, da es sich nicht um eine selbständige Arbeit handelt.

Format: Nachname, Vorname [abgekürzt] Jahr, Erscheinungsjahr, Titel inklusive Untertitel, Erläuterung / akademischer Grad, Universität / Institution, Ort.

Beispiel:

Mustermann, A 1991, Beispielwelten im Kontext der Versuchung, PhD Universität Fantastico, Musterstadt.

Beispiel:

Mustermann, A 1991, Beispielwelten im Kontext der Versuchung, Studienabschlussarbeit, Universität Fantastico, Musterstadt.

Beispiel:

Mustermann, A 1991, Die Wirkungsweise von Beispielwelten im Studienalltag. Eine Längsschnittstudie (Bericht zur Erhebung 2010), Projektabschlussbericht, Universität Fantastico, Musterstadt.

Wurde die Arbeit zur Veröffentlichung eingereicht und angenommen, wird das angekündigte Erscheinungsjahr in Klammern gesetzt.

Beispiel:

Mustermann, A [1991], *Beispielwelten - Methodische Grundlagen*, Studiosis, Musterstadt. (angekündigt)

Wenn der Verlag noch nicht bekannt ist, tritt das Wort 'angekündigt' an die Stelle des Verlagsnamens und Erscheinungsorts.

Beispiel:

Mustermann, A [1991], *Beispielwelten - Methodische Grundlagen*, angekündigt.

(Unveröffentlichter) Vortrag

Format: Nachname, Vorname [abgekürzt] Jahr, Titel des Vortrags, Titel der Veranstaltung, Datum, Veranstalter, Ort, Seitenangabe.

Beispiel:

Mustermann, A. 2010, 'Beispielwelten im Kontext', 17. Kongress der Senkrechtstarter, 10.-12. Oktober 2010, Gesellschaft der Senkrechtstarter, Musterstadt, pp. 37-44.

Zeitschrift

Format: Nachname, Vorname [abgekürzt] Erscheinungsjahr der Zeitschrift, 'Titel des Artikels', *Titel der Zeitschrift*, Ausgabe/Band/Jahrgangsnummer, Heftnummer, Seitenangabe.

Beispiel:

Mustermann, A 2010, 'Beispielwelten im Kontext', *Wochenmagazin der Insider*, vol. 5, pp. 67-76.

Verfügt die Zeitschrift nicht über eine Jahrgangspaginierung (Durchzählung der Seitenangaben durch den ganzen Jahrgang), muss die Heftnummer angegeben werden.

Format: Nachname, Vorname [abgekürzt] Erscheinungsjahr der Zeitschrift, 'Titel des Artikels', *Titel der Zeitschrift*, Ausgabe/Band/Jahrgangsnummer, Heftnummer, Seitenangabe.

> Beispiel:
>
> Mustermann, A 2010, 'Beispielwelten im Kontext', *Wochenmagazin der Insider*, vol. 5, no. 3, pp. 67-76.

Themenheft einer Zeitschrift

Format: Nachname, Vorname [abgekürzt] Erscheinungsjahr der Zeitschrift, 'Titel des Artikels', *Titel der Zeitschrift*, Ausgabe/Band/Jahrgangsnummer, Heftnummer, Seitenangabe.

> Beispiel:
>
> Mustermann, A 2010, 'Beispielwelten: Themenheft', *Pädagogica*, vol. 5, no. 3, pp. 67-76.

Tageszeitung

Format: Nachname, Vorname [abgekürzt], 'Titel des Beitrags', *Titel der Tageszeitung*, Erscheinungsdatum der Tageszeitung, Seitenangabe.

Beispiel:

Mustermann, A 'Beispielwelten im Kontext', *Neue freie Zeitung*, 15. November 2010, p. 17.

Sonderbeilage einer Tageszeitung

Format: Nachname, Vorname [abgekürzt], 'Titel des Beitrags', *Titel der Tageszeitung*, Erscheinungsdatum der Tageszeitung, Seitenangabe.

Beispiel:

Mustermann, A 'Beispielwelten im Kontext', *Neue freie Zeitung*, 15. November 2010, p. B17.

Bitte beachten Sie, sofern die Seitenangabe nicht numerisch erfolgt, wird 'S.' davor gefügt, um die Seitenangabe kenntlich zu machen.

Wochenzeitung

Format: Nachname, Vorname [abgekürzt], 'Titel des Beitrags', *Titel der Wochenzeitung*, Erscheinungsdatum der Wochenzeitung, Woche, Seitenangabe.

Beispiel:

Mustermann, A 'Beispielwelten im Kontext', *Neue freie Zeitung*, 15. November 2010, 33, p. 17.

Online-Dokument

Im Literaturverzeichnis gelten ebenso die üblichen Regeln. Zusätzlich ist jedoch die URL und das Abrufdatum anzugeben. Ein weiterer Hinweis darauf, dass es sich um ein Online-Dokument handelt, ist nicht notwendig.

Format: Nachname, Vorname [abgekürzt] Erscheinungsjahr, *Titel des Artikels*, abgerufen am Datum, URL

Beispiel:

Mustermann, A n. d., *Beispielwelten im Kontext*, abgerufen am 14. November 2010, http://www.Insider-Mix.de/1234.html

Online-Zeitschrift

Format: Nachname, Vorname [abgekürzt], Erscheinungsjahr der Zeitschrift, 'Titel des Artikels', *Titel der Zeitschrift*, Jahrgangsnummer, Heftnummer, Seitenangabe, abgerufen am Datum, URL

Beispiel:

Mustermann, A 2010, 'Beispielwelten im Kontext', *Zeitschrift für Insider*, Jahrgang 4, Nr. 5, pp. 17-18, abgerufen am 14. November 2010, http://www.Insider-Mix.de/1234.html

Sofern eine elektronische Version genutzt wurde, die jedoch inhaltlich mit der Printversion identisch ist, erfolgt die Zitation im nachstehenden Format.

Beispiel:

Mustermann, A 2010, 'Beispielwelten im Kontext', *Zeitschrift für Insider*, Jahrgang 4, Nr. 5, pp. 17-18, (Online-Zeitschrift).

Sollte die Länge der Adresse einen Zeilenumbruch bedingen, ist es sinnvoll, darauf hinzuweisen. Bitte achten Sie an dieser Stelle insbesondere auf die Vorgaben Ihres Lehrgebietes. Mitunter wird die Regel verwendet, dass die Trennung durch einen Bindestrich angezeigt wird, der unmittelbar vor einem Schrägstrich (slash) steht, manchmal ist der Bindestrich sogar unerwünscht. Sollten Sie keine strikten Vorgaben haben, empfehlen wir Ihnen, bei der Angabe einer Internetadresse vollständig auf Trennungszeichen zu verzichten. Möchten Sie unserer

Empfehlung folgen, sollten Sie die automatische Silbentrennung ausgeschaltet haben, da sonst unerwünschte Nebeneffekte auftreten können. Denn wer weiß schon, ob ein in der URL enthaltener Bindestrich gar nicht zu der Internetadresse gehört, sondern lediglich Resultat einer Silbentrennung ist?

Bitte beachten Sie außerdem, dass in Internetquellenangaben in jedem Fall dynamische Elemente (z. B. Session-ID's) zu vermeiden sind.

Gerichtsentscheidung, Gesetz, Verordnung
In der Regel erfolgt die Quellenangabe für juristische Texte nach den juristischen Prinzipien: Angabe von Gesetzbuch, Fassung, Paragraph, Absatz, Nummer etc.

Beispiel:

Fantastisches Gesetzbuch i. d. F. der Bekanntmachung v. 28.11.2002, FGBl. I 2002 S. 37, ber. S. 999 und FGBl. I 2003 S. 666, zul. geänd. durch Art. 1 Drittes Gesetz zur Änderung des Imperiumrechts (Drittes Imperiumrechtsänderungsgesetz – 3. ImÄndG) v. 29.7.2006 (FGBl. I 2006, S. 1222) und Art. 5 I Viertes Gesetz zur Neuregelung des Vertikalrechts v. 15.9.2006 (FGBl. I 2006 S. 2222)

Anderenfalls können Sie sich an nachstehenden Beispielen orientieren.

Gerichtsentscheidung

Format: Gericht, Kammer oder Senat. (Jahr, Tag Monat der Entscheidung). Aktenzeichen. Fundstelle, Seitenangabe.

> Beispiel:
>
> Beispielgerichtshof, Xb. Zivilsenat. (2010, 28. November). Xb
> ZB 123/04. BVerfGE 77, 345.

Gesetz / Verordnung

Format: Gesetzgeber/Behörde. (Jahr, Tag Monat der Veröffentlichung). Titel: Abkürzung. Fundstelle, Seitenangabe.

> Beispiel:
>
> Ministerium Musterland (2010, 22. September). Verordnung
> des Ministeriums über die Gründung vertikaler Vereine:
> GvV. Juristisches Blatt der Senkrechtstarter, 5-23.

Gesetzeskommentar

Format: Nachname, Vorname [abgekürzt] (Hrsg. / Bearb.). (Erscheinungsjahr). *Titel inklusive Untertitel*. Erscheinungsort: Verlag.

> Beispiel:
>
> Mustermann, A. (Hrsg.). (1991). *VeGB: Vertikalitätsgesetzbuch.*
> Kommentar. Musterstadt: Studiosis.

Beitrag in Gesetzeskommentar

Format: Nachname, Vorname [abgekürzt] (Erscheinungsjahr).
Titel inklusive Untertitel. In Vorname [abgekürzt] Nachname
(Hrsg.), *Titel des Kommentars* (Seitenangabe). Erscheinungs-
ort: Verlag.

> Beispiel:
>
> Mustermann, A. (1991). § 22. In F. Smith (Hrsg.), *VeGB: Ver-
> tikalitätsgesetzbuch* (S. 56-73). Musterstadt: Studiosis.

Radio- / TV-Beiträge

Format: Nachname, Vorname [abgekürzt] Ausstrahlungsjahr,
Sendetitel, Beitragsart, Sender, Ausstrahlungsdatum ohne Jahr.

> Beispiel:
>
> Mustermann, A 2009, *Beispielwelten in der Erprobung*, Fernseh-
> sendung, TV XYZ, 27. Mai.

Spiel- / Dokumentarfilm

Format: *Sendetitel* Ausstrahlungsjahr, Beitragsart, Filmstudio,
Ort.

> Beispiel:
>
> *Beispielwelten in der Erprobung* 2009, Dokumentarfilm, XYZ
> Film, Köln.

Persönliche Mitteilung (z. B. E-Mail, Gespräch)
Es unterscheiden sich die Ansichten, ob persönliche Mitteilungen wie traditionelle Quellen in das Literaturverzeichnis aufgenommen werden. Bei der Zitation nach dem HARVARD-Style erfolgt die Quellenangabe innerhalb des Textes. Auf eine Aufnahme in das Literaturverzeichnis wird hingegen in der Regel verzichtet.

CD / DVD - Nachschlagewerk
Format: Titel des Artikels Erscheinungsjahr, Name des Nachschlagewerks, Auflage, Format, Verlag, Erscheinungsort.

Beispiel:

Beispielwelten 2010, *Lehrwerk Zwischenwelten,* 2nd ed., CD
ROM, Senkrechtstarter, Musterstadt.

4.3 Beispiele nach MLA-System

Buch (Monographie - ein Autor)

Format: Nachname, Vorname. *Titel inklusive Untertitel.* ggf. Vorname Nachname des Übersetzers. ggf. Auflage. Erscheinungsort: Verlag, Erscheinungsjahr.

Beispiel: (1. Auflage)

Mustermann, Anton. *Beispielwelten - Methodische Grundlagen.* Musterstadt: Studiosis, 1991.

Beispiel: (7. Auflage)

Mustermann, Anton. *Beispielwelten - Methodische Grundlagen.* 7. Auflage. Musterstadt: Studiosis, 1991.

Beispiel: (7. Auflage)

Mustermann, Anton. *Beispielwelten - Methodische Grundlagen.* 7th ed. Musterstadt: Studiosis, 1991.

Beispiel: (Nachdruck, Reprint, Faksimile)

Mustermann, Anton. *Beispielwelten.* 1912. Musterstadt: Studiosis, 1991.

Beispiel: (Übersetzung)

Mustermann, Anton. *Beispielwelten - Methodische Grundlagen.* Trans. Bill Smith. Musterstadt: Studiosis, 1991.

Buch (Monographie - mehrere Autoren)

Format: Nachname, Vorname, und Vorname Nachname. *Titel inklusive Untertitel*. Auflage. Erscheinungsort: Verlag, Erscheinungsjahr.

> Beispiel:
>
> Mustermann, Anton, and Wim Snyder. *Beispielwelten - Methodische Grundlagen*. Musterstadt: Studiosis, 1991.

> Beispiel:
>
> Mustermann, A., G. L. Smith, G. L., and F. Walther. *Beispielwelten - Methodische Grundlagen*. Musterstadt: Studiosis, 1991.

Bei mehr als drei Autoren:

> Beispiel:
>
> Mustermann, A., et al. *Beispielwelten - Methodische Grundlagen*. Musterstadt: Studiosis, 1991.

Mehrere Werke eines Autors im gleichen Erscheinungsjahr

Format: Nachname, Vorname. *Titel inklusive Untertitel*. Auflage. Erscheinungsort: Verlag, ErscheinungsjahrX.

> Beispiel:
>
> Mustermann, Anton. *Beispielwelten - Methodische Grundlagen*. Musterstadt: Studiosis, 1991a.

Beispiel:

Mustermann, Anton. *Beispielwelten - Theoretische Basis.* Musterstadt: Studiosis, 1991b.

Herausgeberwerk, Enzyklopädie, Handbuch

Format: Nachname, Vorname, Hrsg. *Titel inklusive Untertitel.* ggf. Auflage. Erscheinungsort: Verlag, Erscheinungsjahr.

Beispiel: (1. Auflage)

Mustermann, Anton, ed. *Beispielwelten.* Musterstadt: Studiosis, 1991.

Beispiel: (7. Auflage)

Mustermann, Anton, ed. *Beispielwelten - Methodische Grundlagen.* 7. Auflage. Musterstadt: Studiosis, 1991.

Beispiel:

Mustermann, Anton, Hrsg. *Beispielwelten. Enzyklopädie in 3 Bänden und einem Ergänzungsband (unter Mitarbeit von S. Winter).* Musterstadt: Studiosis, 1991.

Beispiel:

Mustermann, Anton, and Wim Snyder, eds *Beispielwelten - Methodische Grundlagen.* Musterstadt: Studiosis, 1991.

Beispiel:

Mustermann, A., G. L. Smith, G. L., and F. Walther, eds *Beispiel-welten - Methodische Grundlagen*. Musterstadt: Studiosis, 1991.

Bei mehr als drei Herausgebern:

Beispiel:

Mustermann, Anton, et al., eds *Beispielwelten - Methodische Grundlagen*. Musterstadt: Studiosis, 1991.

Bei mehreren Bänden:

Beispiel:

Mustermann, Anton, ed. *Beispielwelten*. 3 Bände. Musterstadt: Studiosis, 1991.

Beispiel:

Mustermann, Anton, ed. *Beispielwelten*. 3 vols. Musterstadt: Studiosis, 1991.

Beispiel:

Mustermann, Anton. *Vertikales*. Musterstadt: Studiosis, 1991. Band 3 von Beispielwelten. 4 Bände. 1989-1992.

Buch einer Körperschaft / eines Vereins als Autor

Format: Verein [ausgeschrieben]. *Titel inklusive Untertitel.*
ggf. Auflage. Erscheinungsort: Verlag, Erscheinungsjahr.

Einleitung, Vorwort, Nachwort

Format: Nachname, Vorname. Beschreibung. *Titel inklusive
Untertitel.* Von Vorname und Nachname. Erscheinungsort:
Verlag, Erscheinungsjahr. Seitenangabe.

Beitrag im Buch eines anderen (Sammelband)

Format: Nachname, Vorname. "Titel inklusive Untertitel des Beitrages." *Titel des Sammelbandes inklusive Untertitel.* Bandnummer. Ed. Vorname und Nachname. Erscheinungsort: Verlag, Erscheinungsjahr. Seitenangabe.

Beispiel:

Mustermann, Anton. "Kritische Weltbetrachtung". *Beispielwelten - Methodische Grundlagen.* Vol. 4. Ed. Frank Smith et al. Musterstadt: Studiosis, 2005. 54-73.

Beispiel:

Mustermann, Anton. "Kritische Weltbetrachtung". *Beispielwelten - Methodische Grundlagen.* Hrsg. Frank Smith / Werner Meyer. Musterstadt: Studiosis, 2005. 54-73.

Bitte denken Sie daran: Würde der Name des Beitrag-Autors nicht im Literaturverzeichnis aufgeführt, könnte er innerhalb des Textes auch nicht als Quellenangabe dienen.

Lexikas, Nachschlagewerke

Format: Nachname, Vorname. "Titel inklusive Untertitel des Beitrages." *Titel des Sammelbandes inklusive Untertitel.* Auflage, Bandnummer. Erscheinungsort: Verlag, Erscheinungsjahr. Seitenangabe.

Beispiel:

Mustermann, Anton. "Kritikfähigkeit." *Wörterbuch des Verhaltens.* 22. Auflage, Band 2. Musterstadt: Studiosis, 2007. 64-68.

Beispiel:

Mustermann, Anton. "Kritikfähigkeit." *Wörterbuch des Verhaltens.* 22th ed., Vol. 2. Musterstadt: Studiosis, 2007. 64-68.

Veröffentlichtes Studienskript

Format: Nachname, Vorname. *Titel inklusive Untertitel.* ggf. Vorname Nachname des Übersetzers. ggf. Auflage. Erscheinungsort: Verlag, Erscheinungsjahr.

Beispiel: (1. Auflage)

Mustermann, Anton. *Einführungskurs in die Betriebswirtschaft.* Musterstadt: Universität Fantastico, 2008.

Unveröffentlichte bzw. zur Veröffentlichung eingereichte Arbeit

Es kann sich für notwendig erweisen, dass Sie aus noch unveröffentlichten Arbeiten zitieren. Dazu können zählen:

- Manuskripte
- Aufsätze für Zeitschriften und Broschüren
- Studien- und Abschlussarbeiten
- Normen
- Geschäftsberichte und andere Firmenschriften

Format: Nachname, Vorname. "Titel inklusive Untertitel." Hochschulschrift, Lehrgebiet, Universität / Institution, Ort, Jahr.

> Beispiel:
>
> Mustermann, Anton. "Beispielwelten im Kontext der empirischen Versuchung." Dissertation, Lehrgebiet für Wirtschaftspädagogik, Universität Fantastico, Musterstadt, 2007.

(Unveröffentlichter) Vortrag

Format: Nachname, Vorname. "Titel." *Erläuterung*, Ort, Land, Datum.

> Beispiel:
>
> Mustermann, Anton. "Beispielwelten im Kontext." *Vortrag auf dem 17. Kongress der Senkrechtstarter*, Musterstadt, Deutschland, 20. Oktober 2010.

Zeitschrift

Format: Nachname, Vorname. "Titel des Artikels." *Titel der Zeitschrift* Jahrgangsnummer (Erscheinungsjahr): Seitenangabe.

> Beispiel:
>
> Mustermann, Anton, und Rudi Version. "Beispielwelten im Kontext." *Wochenmagazin der Insider* 56 (1991): 67-76.

Verfügt die Zeitschrift nicht über eine Jahrgangspaginierung (Durchzählung der Seitenangaben durch den ganzen Jahrgang), muss die Heftnummer angegeben werden.

Format: Nachname, Vorname. "Titel des Artikels." *Titel der Zeitschrift* Ausgabe/Heftnummer (Erscheinungsjahr): Seitenangabe.

> Beispiel:
>
> Mustermann, Anton. "Beispielwelten im Kontext." *Wochenmagazin der Insider* 22.4 (1991): 67-76.

Themenheft einer Zeitschrift

Format: Nachname, Vorname. "Titel des Artikels." *Titel der Zeitschrift* Ausgabe/Heftnummer (Erscheinungsjahr): Seitenangabe.

> Beispiel:
>
> Mustermann, Anton. "Beispielwelten: Themenheft." *Pädagogica* 56.3 (2010): 67-76.

Tageszeitung

Format: Nachname, Vorname. "Titel des Beitrags." *Titel der Tageszeitung* Datum: Seitenangabe.

> Beispiel:
>
> Mustermann, Anton. "Beispielwelten im Kontext." *Neue freie Zeitung* 15. November 2010: 17.

Sonderbeilage einer Tageszeitung

Format: Nachname, Vorname. "Titel des Beitrags." *Titel der Tageszeitung* Datum: Seitenangabe.

> Beispiel:
>
> Mustermann, Anton. "Beispielwelten im Kontext." *Neue freie Zeitung* 15. November 2010: B17.

Wochenzeitung

Format: Nachname, Vorname. "Titel des Beitrags." *Titel der Wochenzeitung* Datum: Seitenangabe.

> Beispiel:
>
> Mustermann, Anton. "Beispielwelten im Kontext." *Neue Wochenzeitung* 15. April 2010: 17.

Monatszeitschrift (monatlich, zweimonatlich)

Format: Nachname, Vorname. "Titel des Beitrags." *Titel der Wochenzeitschrift* Datum: Seitenangabe.

> Beispiel:
>
> Mustermann, Anton. "Beispielwelten im Kontext." *Neue Wochenzeitung* April 2010: 17.

Online-Dokumente

Im Literaturverzeichnis gelten ebenso die üblichen Regeln. Zusätzlich ist jedoch die URL und das Abrufdatum anzugeben. Ein weiterer Hinweis darauf, dass es sich um ein Online-Dokument handelt, ist nicht notwendig.

Format: Nachname, Vorname. Titel des Artikels. Herausgeber. Datum <URL>

Beispiel: (vollständige Webseite)

Mustermann, Anton. Beispielwelten im Kontext. Universität Fantastico. 14. September 2010
<http://www.Insider-Mix.de >

Beispiel: (einzelne Seite einer Webseite)

Mustermann, Anton. "Beispielwelten im Kontext." Fantastische Exkurse. Universität Fantastico. 14. September 2010
<http://www.Insider-Mix.de/1234.html>

Beispiel: (Bilder aus dem Internet)

Mustermann, Anton. Beispielwelt in Kunterbunt. Museum der Zwischenwelten, Berlin. 14. September 2010
<http://Insider-Mix.de/GRAFIK/34a.gif>

Format: "Titel des Artikels." *Titel der Webseite.* Version. Titel Lexikon. Datum.

> Beispiel:
>
> "Beispielwelt." *Zwischenwelten.* Vers. 1.2.3. Lexikon der Zwischenwelten. 14. September 2010.

Online-Zeitschriften

Format: Nachname, Vorname. "Titel des Artikels." Titel der Zeitschrift, Heftnummer (Datum). Abrufdatum <URL>

> Beispiel:
>
> Mustermann, Anton. "Beispielwelten im Kontext." Fantastische Exkurse. Nr. 39 (12.04.2007). 14. September 2010 <http://www.Insider-Mix.de/1234.html>

> Beispiel:
>
> Mustermann, Anton. "Beispielwelten im Kontext." Fantastische Exkurse. No. 39 (12.04.2007). 14. September 2010 <http://www.Insider-Mix.de/1234.html>

> Beispiel:
>
> Mustermann, Anton. "Beispielwelten im Kontext." Journal Fantasia. 39.2 (April 2007): 27-32, 14. September 2010.

Sofern eine allgemein zugängliche Datenbank genutzt wird, genügt in der Regel die Zitation im nachstehenden Format.

Beispiel:

Mustermann, Anton. "Beispielwelten im Kontext." Journal Fantasia. 39.2 (April 2007): 27-32, 14. September 2010.

Sollte die Länge der Adresse einen Zeilenumbruch bedingen, ist es sinnvoll, darauf hinzuweisen. Bitte achten Sie an dieser Stelle insbesondere auf die Vorgaben Ihres Lehrgebietes. Mitunter wird die Regel verwendet, dass die Trennung durch einen Bindestrich angezeigt wird, der unmittelbar vor einem Schrägstrich (slash) steht, manchmal ist der Bindestrich sogar unerwünscht. Sollten Sie keine strikten Vorgaben haben, empfehlen wir Ihnen, bei der Angabe einer Internetadresse vollständig auf Trennungszeichen zu verzichten. Möchten Sie unserer Empfehlung folgen, sollten Sie die automatische Silbentrennung ausgeschaltet haben, da sonst unerwünschte Nebeneffekte auftreten können. Denn wer weiß schon, ob ein in der URL enthaltener Bindestrich gar nicht zu der Internetadresse gehört, sondern lediglich Resultat einer Silbentrennung ist?

Bitte beachten Sie außerdem, dass in Internetquellenangaben in jedem Fall dynamische Elemente (z. B. Session-ID's) zu vermeiden sind.

Gerichtsentscheidung, Gesetz, Verordnung

In der Regel erfolgt die Quellenangabe für juristische Texte nach den juristischen Prinzipien: Angabe von Gesetzbuch, Fassung, Paragraph, Absatz, Nummer etc.

> Beispiel:
>
> Fantastisches Gesetzbuch i. d. F. der Bekanntmachung v. 28.11.2002, FGBl. I 2002 S. 37, ber. S. 999 und FGBl. I 2003 S. 666, zul. geänd. durch Art. 1 Drittes Gesetz zur Änderung des Imperiumrechts (Drittes Imperiumrechtsänderungsgesetz – 3. I-mÄndG) v. 29.7.2006 (FGBl. I 2006, S. 1222) und Art. 5 I Viertes Gesetz zur Neuregelung des Vertikalrechts v. 15.9.2006 (FGBl. I 2006 S. 2222)

Anderenfalls können Sie sich an nachstehenden Beispielen orientieren.

Gerichtsentscheidung

Format: Gericht, Kammer oder Senat. (Jahr, Tag Monat der Entscheidung). Aktenzeichen. Fundstelle, Seitenangabe.

> Beispiel:
>
> Beispielgerichtshof, Xb. Zivilsenat. (2010, 28. November). Xb ZB 123/04. BVerfGE 77, 345.

Gesetz / Verordnung

Format: Gesetzgeber/Behörde. (Jahr, Tag Monat der Veröffentlichung). Titel: Abkürzung. Fundstelle, Seitenangabe.

Beispiel:

Ministerium Musterland (2010, 22. September). Verordnung des Ministeriums über die Gründung vertikaler Vereine: GvV. Juristisches Blatt der Senkrechtstarter, 5-23.

Gesetzeskommentar

Format: Nachname, Vorname [abgekürzt] (Hrsg. / Bearb.). (Erscheinungsjahr). *Titel inklusive Untertitel*. Erscheinungsort: Verlag.

Beispiel:

Mustermann, A. (Hrsg.). (1991). *VeGB: Vertikalitätsgesetzbuch*. Kommentar. Musterstadt: Studiosis.

Beitrag in Gesetzeskommentar

Format: Nachname, Vorname [abgekürzt] (Erscheinungsjahr). Titel inklusive Untertitel. In Vorname [abgekürzt] Nachname (Hrsg.), *Titel des Kommentars* (Seitenangabe). Erscheinungsort: Verlag.

Beispiel:

Mustermann, A. (1991). § 22. In F. Smith (Hrsg.), *VeGB: Vertikalitätsgesetzbuch* (S. 56-73). Musterstadt: Studiosis.

Radio- / TV-Beitrag

Format: Titel. Involvierte Personen mit Vorname [abgekürzt].
und Nachname, Sender, Ort, Datum.

> Beispiel:
>
> "Beispielwelten in der Erprobung." *Blitzgespräch*. Narr. A. Mus-
> termann. Writ. F. Smith. Prod. B. Winter. TV XYZ, Muster-
> stadt, 27.05.2009.

Narr.	Narrator
Writ.	Writer
Dir.	Director
Perf.	Performer
Introd.	Introducer
Prod.	Producer

Spiel- / Dokumentarfilm

Format: *Titel*. Filmart von Vorname [abgekürzt]. und Nachname von Regisseur, Vorname [abgekürzt]. und Nachname
von Drehbuchautor, Nachname, Vorname [abgekürzt] von
Produzent bzw. Produktionsfirma, Ausstrahlungsjahr.

> Beispiel:
>
> *Beispielwelten in der Erprobung*. Dokumentarfilm von A. Mus-
> termann (Buch & Regie), XYZ Film, 2009.

dir	Regisseur
wr., screenpl.	Drehbuchautor
pr.	Produzent(en)/Produktions-firma

Persönliche Mitteilung (z. B. E-Mail, Gespräch)
Es unterscheiden sich die Ansichten, ob persönliche Mitteilungen wie traditionelle Quellen in das Literaturverzeichnis aufgenommen werden. Oft wird darauf verzichtet, stattdessen die Aufnahme als Fußnote bevorzugt.

Format: Absender. "Betreff." Notizart / an wen. Datum. E-Mail-Adresse / Mailinglist-Adresse

Beispiel:

Mustermann, A. "Horizont." E-Mail an F. Smith. 2010, 11. Januar. E-Mail: Mustermann@abc.com

CD / DVD - Nachschlagewerk
Format: "Titel des Artikels." *Name der Software*. Version. Medium. Erscheinungsort: Verlag, Erscheinungsjahr.

Beispiel:

"Beispielwelten." *Lehrwerk Zwischenwelten*. 2nd ed. CD ROM. Musterstadt: Senkrechtstarter, 2010.

4.4 Sonderfälle

Kein Autorenname vorhanden

Liegt Ihnen ein Werk ohne Autorennamen vor, so rückt im Literaturverzeichnis der Titel vor.

Beispiel: (APA-Style)

Beispielwelten. (2010). Musterstadt: Fantastico.

Beispiel: (HARVARD-Style)

Beispielwelten 2010, Fantastico, Musterstadt.

Beispiel: (MLA-Style)

Beispielwelten. Musterstadt: Fantastico, 1991.

Kein Erscheinungsjahr vorhanden

Sofern kein Erscheinungsjahr ersichtlich ist, wird mit 'o. J.' (= ohne Jahresangabe) bzw. 'n. d.' (= no date) darauf hingewiesen.

Beispiel: (APA-Style)

Mustermann, A. (o. J.). *Beispielwelten*. Musterstadt: Fantastico.

Beispiel: (HARVARS-Style)

Mustermann, A n. d., *Beispielwelten*, Fantastico, Musterstadt.

Beispiel: (MLA-Style)

Mustermann, Anton. *Beispielwelten - Methodische Grundlagen.*
    Musterstadt: Studiosis, o. J.

Sollte das Erscheinungsjahr ungefähr bekannt sein, können Sie
folgende Formulierung nutzen:

Beispiel: (APA-Style)

Mustermann, A. (ca. 1991). *Beispielwelten.* Musterstadt: Fan-
    tastico.

Beispiel: (HARVARS-Style)

Mustermann, A c. 1991, *Beispielwelten*, Fantastico, Musterstadt.

Beispiel: (MLA-Style)

Mustermann, Anton. *Beispielwelten - Methodische Grundlagen.*
    Musterstadt: Studiosis, c. 1991.

Kein Erscheinungsort vorhanden

Sofern kein Erscheinungsort ersichtlich ist, wird mit 'o. O.' (= ohne Ortsangabe) darauf hingewiesen.

Beispiel: (APA-Style)

Mustermann, A. (1991). *Beispielwelten.* o. O.: Fantastico.

Beispiel: (HARVARS-Style)

Mustermann, A 1991, *Beispielwelten*, Fantastico, o. O.

Beispiel: (MLA-Style)

Mustermann, Anton. *Beispielwelten - Methodische Grundlagen.* o. O.: Studiosis, 1991.

Keine Seitenangaben vorhanden

Handelt es sich um eine Quelle, die keine Seitenangabe hat, wird folglich auch keine angegeben.

5. Formeln und Lehrsätze

Bei der Darstellung von Formeln unterscheidet man den 'inline' und 'displayed' Style. Inline Formeln fügen sich unmittelbar in den laufenden Text ein.

Beispiel:

... aus dem pythagoreischen Satz ergibt sich, dass $a^2 + b^2 = c^2$ ist.

Hierbei ist darauf zu achten, dass sich die Formeln in den Satzbau – ohne zu holpern – einfügen.

Formeln im displayed Style werden auf einer eigenen Zeile, abgesetzt und in der Regel zentriert dargestellt. Ferner haben solche Formel ggf. auch eine Formel-Nummer, mit der später auf diese Formel verwiesen werden kann. Auch hier sollten die Formeln und der 'fließende' Text eine Einheit bilden. Das bezieht sich auch auf die Interpunktion. Beendet eine displayed Formel den Satz, so ist die Formel mit einem Punkt abzuschließen, folgt auf die Formel ein Nebensatz, so ist nach der Formel ein Komma zu setzen.

> Beispiel:
>
> … aus vorangegangen Überlegungen erhalten wir schließlich:
>
> $$a^2 + b^2 = c^2. \tag{17}$$
>
> Dieses Resultat ist gerade die Aussage des berühmten pythagoreischen Satzes.

Bei kürzeren Arbeiten werden Formale fortlaufend in der gesamten Arbeit nummeriert, bei längeren Arbeiten empfiehlt es sich gelegentlich, diese Nummerierung pro Kapitel oder Abschnitt vorzunehmen; dann erhält man etwa Formel-Nummern wie (1.17) oder (3.1.17).

Formeln, die nur 'lokal' verwendet werden, können unter Umständen auch mit einem Symbol markiert werden, z. B. mit (*). Bitte achten Sie diesbezüglich auf die Vorgaben Ihres Lehrgebietes.

In Arbeiten mit streng formalisierbarem Inhalt - also insbesondere Arbeiten auf mathematischem Gebiet - werden Sätze (im Sinne von Lehrsätzen, Propositionen, Theoremen, Lemmata, Definitionen, etc.) besonders formatiert und im Allgemeinen auch nummeriert, um später leichter darauf verweisen zu können.

Prinzipiell gilt hier Gleiches wie für die Nummerierung von Formeln, in kurzen Arbeiten werden Sätze durchgehend nummeriert, in längeren Arbeiten empfiehlt sich eine Nummerierung pro Kapitel oder Abschnitt.

Traditionell war es ferner üblich, jede Kategorie von Lehrsätzen für sich zu nummerieren, d.h. eine getrennte Zählung für Definitionen, Theoreme, Lemmata usw. zu verwenden; das kann für den Laser aber sehr unpraktisch sein, denn bei dieser Zählweise gibt es keinen Anhaltspunkt ob z. B. Lemma 5 vor oder nach Theorem 2 kommt.

Deswegen setzt sich die leidenschaftslose einheitliche Zählweise aller lehrsatzartigen Konstrukte mehr und mehr durch (Bourbaki Style).

Lehrsätze, im obigen Sinn, werden in der Regel kursiv formatiert, eingerückt und mit einer fettgedruckten 'Markierung', die aus der Kategorie-Bezeichnung und der Nummer besteht, eingeleitet; daran kann sich - in runden Klammern eingeschlossen - noch ein Name anschließen.

Beispiel:

Satz 3. (Pythagoras)
Sei Δ ein rechtwinkliges Dreieck mit den Seitenlängen a, b und c, wobei c die Hypotenusenlänge ist, so gilt:
$$a^2 + b^2 = c^2.$$

Auf diesen Satz kann nun im Folgenden als Satz 3 oder Satz des Pythagoras verwiesen werden.

Besteht eine Arbeit zu großen Teilen aus solchen formalen Elementen wie Formeln und Lehrsätzen, so ist es mehr als eine Überlegung wert, ob die Arbeit nicht mit dem frei erhältlichen Textsatz-Programmpaket LaTeX verfasst werden sollte. LaTeX ist eine Erweiterung der Macro-Sprache TeX, die Donald E. Knuth speziell zur Erstellung professionell formatierter mathematischer Texte entwickelt und der Allgemeinheit zur Verfügung gestellt hat. Obwohl es mittlerweile auch Wysiwyg Frontends für LaTeX gibt - z. B. Lyx -, sei auch bedacht, es handelt sich dabei im Grunde um eine Programmiersprache, so dass doch eine gewisse Mühe der Einarbeitung in deren Anwendung investiert werden muss.

Diese Mühe kann sich aber auch bezahlt machen, denn LaTeX verwendet sogenannte Style Files, die die eigentliche Formatierung vom Inhalt der Arbeit separieren. So kann durch einen einfachen Austausch des verwendeten Style Files aus einer Arbeit im Preprint Style, eine Arbeit im Book Style werden.

Das funktioniert in der Regel recht gut, allerdings liegt auch hier der Teufel im Detail...

Viele Fachbereiche haben bereits angepasste LaTeX- Style Files für die unterschiedlichen Typen von Arbeiten.

Ebenso verfügen viele Verlage und wissenschaftliche Zeitschriften auf mathematisch-naturwissenschaftlichen Gebiet über eigene Style Vorlagen.

So kann eine möglichst frühzeitige Nachfrage im Vorfeld der geplanten Arbeit unter Umständen viel Zeit sparen.

Detailliertere Informationen finden Sie unter anderem in Kopka 2002a-c, siehe References.

Auf der Website der TeX Users Group finden Sie auch die Software LaTeX zum Download: http://tug.org/texlive/ bzw. auch auf der Website von LaTeX Project: http://www.latex-project.org/ftp.html .

6. Thesenpapiere und Referate

Sollen Sie Thesenpapiere oder Referate verfassen, erhalten Sie oft damit verbundene Vorgaben aus dem jeweiligen Lehrgebiet. Wurde darauf kein Bezug genommen, empfiehlt sich, nachstehende Formalien zu berücksichtigen.

Kopf
— Name der Hochschule und des Lehrgebietes
— Titel des Seminars
— Name des Betreuenden
— Name des Verfassers (Vor- und Nachname)
— Datum
— Titel bzw. Thema

Darstellung
— nummerierte Gliederungspunkte
— nur wichtigste Informationen wie z. B. Zahlen aufführen

Literaturverzeichnis
— verwendete Literatur am Ende wiedergeben

Eine Veranschaulichung des Inhalts können Sie neben einem ausgefeilten Sprachstil zusätzlich mit Folien, Dias, Tafelbilder und anderen Materialien erreichen. Es ist selbstverständlich gestattet, mehrere Sinne wie Riechen, Schmecken, Fühlen anzusprechen.

7. Protokoll

Um dem Sinn eines Protokolls nachzukommen, sollten auch Protokolle eine Struktur erkennen lassen.

Kopf
- Titel des Seminars
- Datum
- Teilnehmer (Anzahl der Studierenden, Betreuenden)
- Protokollant (Vor- und Nachname)

Darstellung
- nummerierte Gliederungspunkte
- nur relevante Informationen aufführen
- Verweis auf Folien, Tafelbilder, sonstige Materialien
- Unterschrift des Protokollanten und Datum

Bitte beachten Sie, dass Protokolle in der indirekten Rede verfasst werden und Sie als Protokollant einem neutralen Schreibstil gegenüber verpflichtet sind.

8. Literaturverwaltungsprogramme

Literaturverwaltungsprogramme geben eine Anregung, dienen als Hilfsmittel, gelten jedoch nicht als Allheilmittel und nehmen Ihnen die Arbeit auch nicht vollständig ab. Mitunter gibt es Programmierfehler, so dass Satzzeichen doppelt ausgegeben werden, gelegentlich werden auch durch fehlende Buchangaben vom Programm absichtlich erstellte Platzhalter zu Störenfrieden. Diese müssen Sie erkennen und modifizieren können.

Von Lehrgebieten werden oft nachstehende Tools empfohlen. Bitte beachten Sie, dass es sich hier nur um eine kleine Auswahl handelt. Falls Ihnen die Arbeitsweise dieser nicht gefällt, werden Sie bei einer Recherche im Internet weitere finden, so dass Sie aus einem großen Fundus die für Sie und Ihre wissenschaftliche Tätigkeit optimale Version auswählen können.

kostenpflichtige Programme
- www.bibliographix.de (kostenfreie Basic-Version)
- www.citavi.org (kostenfreie Basic-Version)

kostenfreie Programme
- www.bibtex.org
- www.lit-link.ch
- www.zotero.org

9. Plagiate und weitere Schandtaten

Werden Wörter, Ideen oder auch Bildnisse eines anderen genutzt, ohne den Namen des Urhebers zu nennen, entsteht ein Plagiat. Doch so harmlos ein 'Abkupfern' in mancher Situation auch klingen mag, riskieren Sie damit nicht nur für die Aussagen anderer verantwortlich gemacht zu werden, sondern auch Schadenersatzforderungen für Copyright-Verletzungen. Letztlich kann derlei Betrugs auch zum Ausschluss vom Studium oder Promotionsvorhaben führen. Aus diesem Grund die eindringliche Bitte:

– Erfinden Sie keine Daten, auch wenn Ihnen z. B. dringend benötigte empirische Belege fehlen.

– Verfälschen Sie keine Daten, indem Sie diese z. B. nach Gutdünken verändern.

– Verwerten Sie keine Daten ohne den tatsächlichen Urheber zu benennen.

Gehen Sie davon aus, dass was Sie an 'Vorlagen' für Ihre Arbeit entdecken auch andere finden. Zusätzlich steht den Hochschulen in der Regel auch spezielle Software zur Verfügung, mit der Ihre Arbeit auf eventuell abgeschriebene Passagen überprüft werden kann.

Nicht nur das Erzeugen von Plagiaten führt dazu, Ihren den Anspruch an wissenschaftlicher Arbeitsweise abzusprechen. Deshalb:

– Achten Sie auf das Thema und darauf, dass sich Ihre Argumentation stets darauf bezieht.

- Führen Sie keine Sachverhalte an, die in der Arbeit nicht näher beschrieben sind.
- Definieren Sie die Begriffe, die in Ihrer Arbeit vorkommen mit stets nur einer Bedeutung.
- Verwenden Sie weder die 1. Person Singular noch Plural im Hauptteil Ihrer Arbeit, sofern Sie nicht z. B. einen Versuchsdurchlauf skizzieren.
- Vermeiden Sie die übertriebene Verwendung von Fremdwörtern und komplizierter Satzstellungen.
- Strukturieren Sie Ihre Arbeit, reihen Sie nicht willkürlich unterschiedlicher Aspekte aneinander.
- Vermeiden Sie zu kurze und zu lange Abschnitte. Oft empfehlen Lehrgebiete das Längenmaß eines Abschnitts von mindestens 1/2 Seite und maximal 3 Seiten einzuhalten.
- Gehen Sie sparsam mit wörtlichen Zitaten um. Unterlassen Sie die Aneinanderreihung von (direkten) Zitaten und Wortverdrehungen (Pseudo-indirekte Zitate). Beides führt zu einer Urheberrechtsverletzung.
- Beachten Sie in jedem Fall die Grundrechte anderer, z. B. hinsichtlich der Anonymisierung von empirisch erhobenen Daten.

Nehmen Sie sich eine präzise Vorgehensweise zum Ziel. Formale Fehler sind oft nicht nur wissenschaftlich inkorrekt, sondern auch rechtlich. Darauf sollten Sie es nicht ankommen lassen.

10. Wissenschaftliche Transliteration

Unabhängig von spezifischen Vorgaben Ihres Lehrgebietes werden Sie bei wissenschaftlichen Arbeiten im Bereich Slawistik Literaturangaben in Fußnoten und im Literaturverzeichnis, Zitate und fremdsprachliche Termini im Text transliterieren müssen. Bitte verwenden Sie dazu die wissenschaftliche Transliteration des kyrillischen Alphabetes.

Transliteration des russischen Alphabets

А	а	A	a		К	к	K	k		Х	х	C h	c h
Б	б	B	b		Л	л	L	l		Ц	ц	C	c
В	в	V	v		М	м	M	m		Ч	ч	Č	č
Г	г	G	g		Н	н	N	n		Ш	ш	Š	š
Д	д	D	d		О	о	O	o		Щ	щ	Šč	šč
Е	е	E	e		П	п	P	p		Ъ	ъ	ʺ	ʺ
Ё	ё	Ё (Jo)	ё (jo)		Р	р	R	r		Ы	ы	Y	y
Ж	ж	Ž	ž		С	с	S	s		Ь	ь	ʹ	ʹ
З	з	Z	z		Т	т	T	t		Э	э	Ė	ė
И	и	I	i		У	у	U	u		Ю	ю	Ju	ju
Й	й	J	j		Ф	ф	F	f		Я	я	Ja	ja

Transliteration des weißrussichen Alphabets

А	а	A	a	К	к	K	k	Ф	ф	F	f
Б	б	B	b	Л	л	L	l	Х	х	Ch	Ch
В	в	V	v	М	м	M	m	Ц	ц	C	C
Г	г	H	h	Н	н	N	n	Ч	ч	Č	Č
Д	д	D	d	О	о	O	o	Ш	ш	Š	Š
Е	е	E	e	П	п	P	p	Ы	ы	Y	Y
Ё	ё	Ё (Jo)	ё (jo)	Р	р	R	r	Ь	ь	'	'
Ж	ж	Ž	ž	С	с	S	s	Э	э	Ė	Ė
З	з	Z	z	Т	т	T	t	Ю	ю	Ju	Ju
I	i	I	i	У	у	U	u	Я	я	Ja	Ja
Й	й	J	j	Ў	ў	Ŭ	ŭ	'	'	''	''

Transliteration des ukrainischen Alphabets

А	а	A	a	Ï	ï	Ji	ji	У	у	U	u
Б	б	B	b	Й	й	J	j	Ф	ф	F	f
В	в	V	v	К	к	K	k	Х	х	Ch	ch
Г	г	H	h	Л	л	L	l	Ц	ц	C	c
Ґ	ґ	G	g	М	м	M	m	Ч	ч	Č	č
Д	д	D	d	Н	н	N	n	Ш	ш	Š	š
Е	е	E	e	О	о	O	o	Щ	щ	Šč	šč
Є	є	Je	je	П	п	P	p	Ь	ь	'	'
Ж	ж	Ž	ž	Р	р	R	r	Ю	ю	Ju	ju
З	з	Z	z	С	с	S	s	Я	я	Ja	ja
И	и	Y	y	Т	т	T	t	'	'	"	"
І	і	I	i								

Transliteration des bulgarischen Alphabets

А	а	A	a	Л	л	L	l	Ч	ч	Č	č
Б	б	B	b	М	м	M	m	Ш	ш	Š	š
В	в	V	v	Н	н	N	n	Щ	щ	Št	št
Г	г	G	g	О	о	O	o	Ъ	ъ	Ă	ă
Д	д	D	d	П	п	P	p	Ь	ь	'	'
Е	е	E	e	Р	р	R	r	Ѣ	ѣ	Ě	č
Ж	ж	Ž	ž	С	с	S	s	Ю	ю	Ju	ju
З	з	Z	z	Т	т	T	t	Я	я	Ja	ja
И	и	I	i	У	у	U	u	(Ѫ	ѫ)	(Ă	ă)
І	і	Ji	Ji	Ф	ф	F	f	(θ	ѳ)	(Ḟ	ḟ)
Й	й	J	j	Х	х	Ch	ch	(V	v)	(ÿ	ÿ)
К	к	K	k	Ц	ц	C	c				

Transliteration des serbischen Alphabets

A	a	A	a		J	j	J	j		C	c	S	s
Б	б	B	b		К	к	K	k		Т	т	T	t
В	в	V	v		Л	л	L	l		Ћ	ћ	Ć	Ć
Г	г	G	g		Љ	љ	Lj	lj		У	у	U	u
Д	д	D	d		М	м	M	m		Ф	ф	F	f
Ђ	ђ	Đ	đ		Н	н	N	n		Х	х	H	h
Е	е	E	e		Њ	њ	Nj	nj		Ц	ц	C	c
Ж	ж	Ž	ž		О	о	O	o		Ч	ч	Č	č
З	з	Z	z		П	п	P	p		Џ	џ	Dž	dž
И	и	I	i		Р	р	R	r		Ш	ш	Š	š

Transliteration des makedonischen Alphabets

А	а	A	a		Ј	ј	J	j		С	с	S	s
Б	б	B	b		К	к	K	k		Т	т	T	t
В	в	V	v		Ќ	ќ	K'	k'		У	у	U	u
Г	г	G	g		Л	л	L	l		Ф	ф	F	f
Ѓ	ѓ	Ģ	ġ		Љ	љ	Lj	lj		Х	х	H	h
Д	д	D	d		М	м	M	m		Ц	ц	C	c
Е	е	E	e		Н	н	N	n		Ч	ч	Č	č
Ж	ж	Ž	ž		Њ	њ	Nj	nj		Џ	џ	Dž	dž
Ѕ	ѕ	Dz	dz		О	о	O	o		Ш	ш	Š	š
З	з	Z	z		П	п	P	p		'	'	"	"
И	и	I	i		Р	р	R	r					

Transliteration des altkirchenslawischen Alphabets

Ꙗ	a	O	o	Ь	i
Б	b	П	p	Ѣ	ě
В	v	Р / Р'	r / r´	Ю	ju
Г	g / g'	С	s	Ѩ / Я	ja
Д	d	Т	t	Ѥ	je
Є / є	e	Оу	u	Ѧ	ę
Ж	ž	Ф	f	Ѫ	ǫ
Ѕ	3 / dz'	X	ch / x	Ꙗ	ję
З / Ʒ	z	ω	o / ō	Ѭ	jǫ
И	i	Ц	c	ξ	x
I / ï	ï	Ч	č	ψ	ps
К / К'	k / k'	Ш	š	Ѳ	f / (th)
Л / Л'	l / l'	Щ	št	v	ÿ
М	m	ъ	ъ / ŭ	ħ	ġ
Н / Н'	n / n´	Ы	y		

11. Veröffentlichungen

Das Urheberrecht an einer wissenschaftlichen Arbeit liegt grundsätzlich bei dem Autor bzw. dem Autorenteam. Ebenso verfügt er bzw. verfügen sie über die daraus resultierenden Nutzungsrechte wie das der Veröffentlichung, Vervielfältigung und Verbreitung oder sonstigen Verwertung (siehe UrhG).

Handelt es sich um eine Studienarbeit, so steht Ihrer Hochschule lediglich im Rahmen der eigenen wissenschaftlichen Forschung und Lehre ein Nutzungsrecht am Inhalt der Arbeit zu. Allerdings kann z. B. eine Veröffentlichung Ihrer Studienarbeit ohne Ihr Einverständnis nicht erfolgen. Darüber hinaus können Sie zwar Nutzungsrechte vertraglich abtreten, dürfen jedoch in Bezug auf Teilnahme an Prüfungsverfahren nicht dazu verpflichtet werden.

Doch auch wenn Ihnen das Urheberrecht an Ihrer wissenschaftlichen Arbeit zusteht, heißt das nicht, dass Sie alle niedergeschriebenen Daten und Argumentationen bedenkenlos publizieren können. Wurde die Arbeit z. B. im Rahmen eines Projektes oder Arbeitsverhältnisses erstellt, ist eine Vermarktung nur mit dem Einverständnis der Hochschule bzw. des Auftraggebers möglich. Gleiches gilt für Arbeiten, die firmeninterne Daten bzw. vertrauliche Informationen enthalten oder anderweitig die Interessen anderer einschneidend berühren. Hier benötigen Sie eine Einverständniserklärung der betroffenen Unternehmen, die Ihnen eine weitere Verwendung der Daten und Informationen in gewünschtem Umfang gestattet. Wird Ihnen das Einverständnis verwehrt, unterliegt die Arbeit der Geheimhaltung und kann nicht bzw. nur in veränderter Form veröffentlicht werden.

Dissertationen unterliegen hingegen der Pflicht zur Veröffentlichung, Habilitationsschriften nicht immer. Bitte beachten Sie an dieser Stelle die für Sie geltenden Bestimmungen und eventuell relevanten Besonderheiten.

So wie sich manche Verlage auf die Veröffentlichung von Dissertationen und anderen Hochschulschriften spezialisiert haben, entwickelten alle eine ihren eigenen Style, den es bereits bei der Einreichung von Arbeiten als Manuskript zu beachten gilt. Manche werden Ihnen gewünschte Freiheiten gewähren, andere werden Ihnen Formatvorlagen oder strikte Anweisungen hinsichtlich Layout, Länge oder auch Zitation geben. Es ist empfehlenswert, sich danach zu richten und nicht den Versuch zu starten, entgegen zu argumentieren.

Seltener bei Abhandlungen für Zeitschriften und häufiger bei einer Veröffentlichung im Buchformat sind Danksagungen z. B. für eine erfolgreiche Zusammenarbeit zu lesen. Eine nett gemeinte Geste, die nicht immer gut ankommen muss, weil ggf. derjenige nicht in dem von Ihnen angedachten Zusammenhang genannt werden möchte. Um keine unerwünschten Nebeneffekte zu erzielen, ist es sinnvoll, nur dann Personen zu erwähnen, von denen Ihnen eine Genehmigung vorliegt.

Fachpublikationen beinhalten gelegentlich unterhalb des einzelnen Beitrags oder am Ende zusammengefasst einige Zeilen zu dem Autor. Ganz gleich, ob Sie über andere oder sich eine Autorenvita verfassen, beschränken Sie es an dieser Stelle auf das Wesentliche: Vor- und Zuname, derzeitige berufliche Position, Arbeitsschwerpunkte (ggf. mit Jahreszahlen) und den Bezug zum Thema. Mehr als 5 bis 7 Zeilen sollten es nicht sein. Denken Sie stets daran, dass der Text in sich schlüssig sein muss und eine Autorenvita keinesfalls zur Rechtfertigung dient.

Haben Sie eine wissenschaftliche Arbeit bzw. Abhandlung oder einen Artikel veröffentlicht, sollten Sie in Ihrem eigenen Interesse mit der VG Wort Kontakt aufnehmen. Die Verwertungsgesellschaft stellt im Rahmen ihrer Tätigkeit u. a. eine angemessene Vergütung der Autoren und Verlage sicher, indem sie vereinnahmte Gelder von Nutzern geistigen Eigentums nach festgelegten Verteilungsplänen ausschüttet (siehe www.vgwort.de).

12. Musterseiten

Thema der Arbeit

Hausarbeit
zum Modul xx
Seminartitel
Modulbetreuung:
Prof. Dr. Vorname Nachname

angefertigt im Studiengang xx
an der Hochschule xx in Ort xx

von
Vorname Nachname
Straße und Hausnummer
PLZ und Ort
Matrikelnummer

Vorgelegt am Datum

Abbildung 1: Titelblatt

Thema der Arbeit

Hausarbeit
zum Modul xx
Seminartitel
Modulbetreuung:
Prof. Dr. Vorname Nachname

angefertigt im Studiengang xx
an der Hochschule xx in Ort xx

von
Vorname Nachname
Straße und Hausnummer
PLZ und Ort
Matrikelnummer

Themenstellung am Datum
Vorgelegt am Datum

Abbildung 2: Titelblatt (insbesondere im Fernstudium)

Inhaltsverzeichnis

Abbildung 3: Inhaltsverzeichnis

2.1 Gliederungspunkt 1

xxxxxxxxxxxxxxxxxxxxxxxxxxxxxxxxxxxxxxxxxxxxxxxxxxxxxxxxxxxxxxxxxxx
xxxxxxxxxxxxxxxxxxxxxxxxxxxxxxxxxxxxxxxxxxxxxxxxxxxxxxxxxxxxxxxxxxx
xxxxxxxxxxxxxxxxxxxxxxxxxxxxxxxxxxxxxxxxxxxxxxxxxxxxxxxxxxxxxxxxxxx
xxxxxxxxxxxxxxxxxxxxxxxxxxxx

Abbildung 1: xxxxxxxxxxxxxxxxx (vgl. xxxx)

xxxxxxxxxxxxxxxxxxxxxxxxxxxxxxxxxxxxxxxxxxxxxxxxxxxxxxxxxxxxxxxxxxx
xxxxxxxxxxxxxxxxxxxxxxxxxxxxxxxxxxxxxxxxxxxxxxxxxxxxxxxxxxxxxxxxxxx
xxxxxxxxxxxxxxxxxxxxxxxxxxxxxxxxxxxxxxxxxxxxxxxxxxxxxxxxxxxxxxxxxxx
xxxxxxxxxxxxxxxxxxxxxxxxxxxxxxxxxxxxxx

Tabelle 1: xxxxxxxxxxxxxxxxx

xxxxx	xxxxx
xxxxx	xxxxx

xxxxxxxxxxxxxxxxxxxxxxxxxxxxxxxxxxxxxxxxxxxxxxxxxxxxxxxxxxxxxxxxxxx
xxxxxxxxxxxxxxxxxxxxxxxxxxxxxxxxxxxxxxxxxxxxxxxxxxxxxxxxxxxxxxxxxxx
xxxxxxxxxxxxxxxxxxxxxxxxxxxxxxxxxxxxxxxxxxxx

Abbildung 4: Inhalt

Literaturverzeichnis

xxxxxxxxxxxx, xxxxxxxxxxxxxxxx. (xxxx). xxxxx - xxxxx
xxxxxxxxxxx xxxxxxxxxxx xxxxxxxxxxx. xxx: xxxx.

xxxxxxxxxxxx, xxxxxxxxxxxxxxxx. (xxxx). xxxxx - xxxxx
xxxxxxxxxxx xxxxxxxxxxx xxxxxxxxxxx. xxx: xxxx.

xxxxxxxxxxxx, xxxxxxxxxxxxxxxx. (xxxx). xxxxx - xxxxx
xxxxxxxxxxx xxxxxxxxxxx xxxxxxxxxxx. xxx: xxxx.

xxxxxxxxxxxx, xxxxxxxxxxxxxxxx. (xxxx). xxxxx - xxxxx
xxxxxxxxxxx. xxx: xxxx.

xxxxxxxxxxxx, xxxxxxxxxxxxxxxx. (xxxx). xxxxx - xxxxx
xxxxxxxxxxx.. xxx: xxxx.

xxxxxxxxxxxx, xxxxxxxxxxxxxxxx. (xxxx). xxxxx - xxxxx
xxxxxxxxxxx xxxxxxxxxxx xxxxxxxxxxx. xxx: xxxx.

xxxxxxxxxxxx, xxxxxxxxxxxxxxxx. (xxxx). xxxxx - xxxxx
xxxxxxxxxxx xxxxxxxxxxx xxxxxxxxxxx. xxx: xxxx.

- 20 -

Abbildung 5: Literaturverzeichnis

179

Erklärung

Hiermit erkläre ich, dass ich die vorliegende Hausarbeit mit dem Thema

„xxx“

ohne fremde Hilfe erstellt habe. Alle verwendeten Quellen wurden angegeben. Ich versichere, dass ich bisher keine Hausarbeit oder Prüfungsarbeit mit gleichem oder ähnlichem Thema an der xx Hochschule oder einer anderen Hochschule eingereicht habe.

Ort, Datum

Unterschrift

Vorname Nachname

Abbildung 6: Erklärung

References

(Print):

Deutsche Gesellschaft für Psychologie. (1997). *Richtlinien zur Manuskriptgestaltung.* Göttingen: Hogrefe.

Eco, U. (2010). *Wie man eine wissenschaftliche Abschlußarbeit schreibt. Doktor-, Diplom- und Magisterarbeit in den Geistes- und Sozialwissenschaften.* (13. Auflage). Wien: Facultas.WUV / UTB.

Gockel, T. (2010). *Form der wissenschaftlichen Ausarbeitung: Studienarbeit, Diplomarbeit, Dissertation, Konferenzbeitrag.* (2. Auflage). Berlin: Springer.

Grätz, F. (2006). *Duden. Wie verfasst man wissenschaftliche Arbeiten?: Ein Leitfaden für das Studium und die Promotion.* (3. Auflage). Mannheim: Bibliographisches Institut.

Kopka, H. (2002a). *Band 1: Einführung.* (3. Auflage). München: Addison-Wesley / Pearson Studium.

Kopka, H. (2002b). *Band 2: Ergänzungen.* (3. Auflage). München: Addison-Wesley / Pearson Studium.

Kopka, H. (2002c). *Band 3: Erweiterungen.* (3. Auflage). München: Addison-Wesley / Pearson Studium.

(Online):

American Psychological Association (2010). APA Style. Abgerufen
    Dezember 25, 2010, von http://www.apastyle.org

dr. dresing & pehl GmbH (2010). Wissenschaftliche Transkription
    - paradoxe Materialbearbeitung. Abgerufen Dezember 25,
    2010, von http://www.audiotranskription.de
    /wissenschaftliche Transkription

Central Queensland University (2007). Harvard (author-date) refer-
    encing guide. Abgerufen Dezember 25, 2010, von
    http://www.library.uow.edu.au/content /groups /public/
    @web/@health/documents/doc /uow025425.pdf

Deutschsprachige Anwendervereinigung TeX e.V. (2010). TeX, La-
    TeX & Co. Abgerufen Dezember 25, 2010, von
    http://www.dante.de

Freie Universität Berlin - Universitätsbibliothek (2010). Richtig zi-
    tieren: Zitierregeln für konventionelle und elektronische
    Medien - Linksammlung. Abgerufen Dezember 25, 2010,
    von http://www.ub.fu-berlin.de/service_neu /
    einfuehrung/ bookmarks/zitieren.html

Modern Language Association (2010). MLA Style. Abgerufen De-
    zember 25, 2010, von http://www.mla.org